名家精译史学经典

后汉书选译

秦同培　译注　宋晶如　校订

长江出版传媒 | 崇文书局

图书在版编目（CIP）数据

后汉书选译 / 秦同培译注 ; 宋晶如校订 . -- 武汉 :
崇文书局, 2022.2（2023.3重印）
（名家精译史学经典）
ISBN 978-7-5403-5692-7

Ⅰ. ①后… Ⅱ. ①秦… ②宋… Ⅲ. ①中国历史－东
汉时代－纪传体②《后汉书》－译文 Ⅳ. ①K234.204.2

中国版本图书馆 CIP 数据核字（2021）第 247228 号

策　　划　叶　蓬
责任编辑　李少华　程可嘉
封面设计　九　光
责任校对　董　颖
责任印制　李佳超

后汉书选译

HOUHANSHU XUANYI

出版发行　长江出版传媒 | 崇文书局
地　　址　武汉市雄楚大街268号C座11层
电　　话　（027）87677133　邮政编码　430070
印　　刷　武汉精一佳印刷有限公司
开　　本　880mm×1230mm　1/32
印　　张　5.25
字　　数　143千
版　　次　2022年2月第1版
印　　次　2023年3月第2次印刷
定　　价　39.00元

出版说明

“名家精译史学经典”丛书是为中国史学爱好者提供的一套普及型史学读物，它包括中国首部国别史《国语》、中国首部编年史《左传》、先秦历史散文的杰作《战国策》、二十四史中水准最高的“前四史”《史记》《汉书》《后汉书》《三国志》和规模空前的编年体通史巨著《资治通鉴》。这八种史书不只开创、确立了国别体、编年体、纪传体等不同的史书体裁，而且在史识、史裁、叙事技巧、语言艺术等方面也颇有建树，影响广泛而深远，历来被视为中国史学的经典，是学习中国历史必读的史籍。

由于原著大多卷帙浩繁，从读选本入手就成为史学爱好者的普遍选择。在众多的选本版本中，我们经过权衡比较，遴选了这些由名家选注的、且历经时间检验和学识文笔俱佳的选本。

这些从民国至今不同年代的选本，其选注者既有功力深厚的老辈学人，也有治学严谨的当代学者。其年代跨度之大，学者风格之鲜明，是目前同类丛书中仅见的。整套书所呈现出的丰富的文化意蕴和多元的学术风格，一定会给读者带来别样的阅读兴味。

秦同培先生是民国初期的教育家、民国时期三大出版机构之一的世界书局的老编辑。他译注的《史记选译》初版名为《史记评注读本》，由世界书局于1924年首次出版，后重版多次。1949年后，该书又流传到港台地区，依然备受读者青睐。《汉书选译》和《后汉书选译》原为一本，初版名为《汉书评注读本》，由世界书局于1924年首次出版。这几部作品虽已面世百年，但仍有独特的价值和鲜明的特点。其选篇别开生面，独具慧眼，大大拓展了读者的历史视野。特别是每篇的评语，尤显功力，散发着民国学者特有的、醇厚的古典气息，值得细细品读。

瞿蜕园先生是著述等身的文史大家，他在20世纪50年代致力于史学普及，出版了多种广受欢迎的史籍选本。他译注的《左传选译》由春明出版社于1955年首次出版。该选本“选择精审，译文畅达，注释简要”，上海古籍出版社于1981年重版。《资治通鉴选译》初版名为《通鉴选》，由古典文学出版社于1957年首次出版，这是《资治通鉴》的第一部选注本，从选篇、题解到注释都深具匠心，后曾一度再版。本次出版则特邀瞿氏弟子俞汝捷先生配写了晓畅雅洁的译文。

邬国义先生、胡果文先生译注的《国语译注》由上海古籍出版社于1994年首次出版。该选本内容丰赡，注释贴切，译文流畅，题解精辟，有研究者评该选本“译文很得《国语》原义，为《国语》各译注本中不可多得的佳作”。

赵丕杰先生译注的《战国策选译》由人民文学出版社于1994年首次出版。该选本“所选都是思想内容好，文学性较强的作品。历来为人传诵的名篇都包括在内，……力求能反映《战国策》的全貌”，是目前研究《战国策》的重要参考书。

陈稼禾先生译注的《三国志选译》初版名为《三国志菁华》，由上海教育出版社于2001年首次出版。该选本选篇全面精当，注释简明详实，译文通俗畅达，题解言简意赅，是一本十分适合初学者阅读的选本。

为帮助读者更好地阅读和欣赏这些古典巨著的佳妙之处，书中内容有前言、原文、译文、注释和评语或题解几大部分，这样的体例安排也给读者提供了很好的学习便利。

本丛书依据的底本为多年前的旧作，此次出版，底本中是繁体字竖排的，一律改为简体字横排；为便于今天的读者阅读，对个别底本中的部分译文作了重译；底本中有些词汇的使用与现代汉语规范不尽一致，为尊重作者的行文风格，没有按现代汉语规范统一修改；底本中所注的今地名，由于时代的变迁多有变化，今遵从原著，基本不作改动。限于水平，错误难免，恳请方家不吝赐教。

崇文书局

2021年11月

编辑大意

一、《后汉书》为南北朝时范晔所撰。诸凡东汉之政治、经济、人物、制度，无不兼载，叙述周详而有系统，为我国大文献之一，且其文笔流利畅达，“属词丽密”，更富于文学价值。本局节辑其精萃汇为一编而成本书。

二、本书所选均系《后汉书》之精华，计三十四篇。凡东汉之政治大要、重要史实、名人传略，无不择要选录。读此一编，即可知东汉历史之梗概。

三、采列之文，多有为古文家所普选者，然一时代有一时代之重要文字，其足为一时之代表，而又与当时大局有关者，本书特不避复沓，亦为选入，使学者藉知当时文艺之一斑。

四、本书对于汉时宫闱之惨变、宫禁之拘困、贵族骨肉相残等悲惨事实，亦特加选入，使读者得明了封建社会帝王之面相。

五、后汉重气节、轻爵位，其事实多见于各名人列传中。本书对此类文字所选特多。如《范滂传》《孔融传》等所叙之义侠行为，读之感人至深，实一动人之短篇小说也。

六、如《吴祐传》中所记毋丘长杀人等事，为封建社会中法律与道德之矛盾现象。此种叙述，本书亦尽量采录，使读者得认识封建社会之又一面。

七、凡原文篇幅过长不必全录者，或一章一节自能独立者，本书选辑时加以节删，务使既合读者之兴趣，复符选辑之标准。

八、每篇之评语论列其文之实质形式上各要点。文中难解字句，于每篇之后，详加注释，以备读者之参考。更将原文译为语体，以便读者自修之用。释文注意口语化，力求其浅显流畅，冀能为读者理解原文之一助。

九、本书可作教科之用，或为课外之补充读物，是一部简洁的历史读本，同时更是一部良好的文艺读本。

目录

光武昆阳之战

光武昆阳之战

寻、邑拥百万貔貅，虎视昆阳，光武以数千众，奋英威，攻长毂，摧之如风扫枯叶，真赫赫庙谟，赳赳雄断之英主也！文字直叙虚写，错综变化，段段生情，点缀如画，与班掾相仿。

更始[1]元年正月甲子朔，汉军复与甄阜、梁丘赐战于沘水[2]西，大破之，斩阜、赐。伯升[3]又破王莽纳言将军严尤[4]、秩宗将军陈茂于淯阳[5]，进围宛城[6]。

二月辛巳，立刘圣公[7]为天子，以伯升为大司徒[8]，光武为太常偏将军[9]。

三月，光武别与诸将徇昆阳[10]、定陵[11]、郾[12]，皆下之。多得牛、马、财物，谷数十万斛，转以馈宛下。莽闻阜、赐死，汉帝立，大惧，遣大司徒王寻[13]、大司空王邑[14]将兵百万，其甲士四十二万人，五月，到颍川[15]，复与严尤、陈茂合。初，光武为舂陵侯家讼逋租于尤，尤见而奇之。及是时，城中出降尤者言光武不取财物，但会兵计策。尤笑曰："是美须眉者邪？何为乃如是！"

初，王莽征天下能为兵法者六十三家数百人，并以为军吏；选练武卫，招募猛士，旌旗辎重，千里不绝。时有长人巨无霸[16]，长一丈，大十围，以为垒尉[17]；又驱诸猛兽虎豹犀象之属，以助威武。自秦、汉出师之盛，未尝有也。光武将数千兵，徼之于阳关[18]。诸将见寻、邑兵盛，反走，驰入昆阳，皆惶怖，忧念妻孥，欲散归诸城。光武议曰：

“今兵谷既少，而外寇强大，并力御之，功庶可立；如欲分散，势无俱全。且宛城未拔，不能相救，昆阳即破，一日之间，诸部亦灭矣。今不同心胆共举功名，反欲守妻子财物邪？”诸将怒曰：“刘将军何敢如是！”光武笑而起。会候骑[19]还，言大兵且至城北，军陈数百里，不见其后。诸将递相谓曰：“更请刘将军计之！”光武复为图画成败。诸将忧迫，皆曰：“诺！”时城中唯有八九千人，光武乃使成国上公王凤[20]、廷尉大将军王常[21]留守，夜自与骠骑大将军宗佻[22]、五威将军李轶[23]等十三骑，出城南门，于外收兵。时莽军到城下者且十万，光武几不得出。既至郾、定陵，悉发诸营兵，而诸将贪惜财货，欲分留守之。光武曰：“今若破敌，珍琏[24]万倍，大功可成；如为所败，首领无余，何财物之有！”众乃从。

严尤说王邑曰：“昆阳城小而坚，今假号[25]者在宛，亟进大兵，彼必奔走；宛败，昆阳自服。”邑曰：“吾昔以虎牙将军围翟义[26]，坐不生得，以见责让。今将百万之众，遇城而不能下，何谓邪？”遂围之数十重，列营百数，云车[27]十余丈，瞰临城中，旗帜蔽野，埃尘连天，钲[28]鼓之声闻数里。或为地道，冲輣[29]橦[30]城。积弩乱发，矢下如雨，城中负户而汲[31]。王凤等乞降，不许。寻、邑自以为功在漏刻，意气甚逸。夜有流星坠营中，昼有云如坏山，当营而陨，不及地尺而散，吏士皆厌[32]伏。

六月己卯，光武遂与营部俱进，自将步骑千余，前去大军四五里而陈。寻、邑亦遣兵数千合战。光武奔之，斩首数十级。诸部喜曰：“刘将军平生见小敌怯，今见大敌勇，甚可怪也，且复居前。请助将军！”光武复进，寻、邑兵却，诸部共乘之，斩首数百千级。连胜，遂前。时，伯升拔宛已三日，而光武尚未知。乃伪使持书报城中，云“宛下兵到”，而阳堕其书。寻、邑得之，不憙[33]。诸将既经累捷，胆气益壮，无不一当百。光武乃与敢死者[34]三千人，从城西水土冲其中坚[35]，寻、邑陈乱，乘锐崩之，遂杀王寻。城中亦鼓噪而出，中外合势，震呼动天地，莽兵大溃，走者相腾践，奔殪[36]百余里间。会大雷风，屋瓦皆飞，雨下如注，滍川[37]盛溢，虎豹皆股战，士卒争赴，溺死者以万数，水为不流。王邑、严尤、陈茂轻骑乘死人度水逃去。尽获其军实辎重、车甲珍宝，不可胜算，举之连月不尽，或燔烧其余。

光武因复徇下颍阳[38]。会伯升为更始所害，光武自父城[39]驰诣宛谢。司徒官属[40]迎吊光武，光武难交私语，深引过而已。未尝自伐昆阳之功，又不敢为伯升服丧，饮食言笑如平常。更始以是惭，拜光武为破虏大将军，封武信侯。

九月庚戌，三辅豪杰[41]共诛王莽，传首诣宛。

更始将北都洛阳，以光武行司隶校尉，使前整修宫府。于是致僚属，作文移[42]，从事司察，一如旧章。时三辅吏士东迎更始，见诸将过，皆冠帻[43]，而服妇人衣，诸于[44]绣镼[45]，莫不笑之，或有畏而走者。及见司隶僚属，皆欢喜不自胜。老吏或垂涕曰："不图今日复见汉官威仪！"由是识者皆属心焉。

及更始至洛阳，乃遣光武以破虏将军行大司马事。十月，持节北渡河，镇慰州郡。所到部县，辄见二千石、长吏[46]、三老[47]、官属，下至佐史，考察黜陟，如州牧行部事[48]。辄平遣囚徒，除王莽苛政，复汉官名。吏人[49]喜悦，争持牛酒迎劳。

进至邯郸[50]，故赵缪王[51]子林说光武曰："赤眉[52]今在河东，但决水灌之，百万之众可使为鱼。"光武不答，去之真定[53]。林于是乃诈以卜者王郎[54]为成帝子子舆[55]，十二月，立郎为天子，都邯郸，遂遣使者降下郡国。

——节《光武帝纪》

［1］更始：公元二十三年二月，绿林军拥立刘玄称帝，复汉国号，年号更始。［2］沘水：即今泌水，在河南泌阳县。［3］伯升：刘缜子，光武长兄，性刚毅慷慨，有大节。王莽篡位，缜发春陵子弟，部署宾客，与新市平林兵合军而进，斩阜赐于潢淳水，破严光、陈茂于育阳，后为更始所害。光武即位，追封齐王，谥武。［4］严尤：王莽遣十二将军出击匈奴，尤以讨秽将军出渔阳，后封武建伯，为大司马。尤有智略，非莽征伐四夷，数谏忤莽，策免尤。下江兵起，以纳言将军击荆州，后自昆阳败走。至沛郡，自称汉将，降钟武侯刘圣，圣以为大司马。十余日败，并死。［5］淯阳：县名，故城在今河南南召县，亦曰育阳。［6］宛城：地名，在今湖北荆门县南六十里。［7］刘圣公：名玄，光武族兄。王莽末光武与兄伯升起兵，号玄为更始将军，与诸将军共立为天子，改元更始，海内响应，因以破莽。既入洛阳，遂迁长安，耽于酒色，暗不视事。赤眉入长安，降之，旋被杀。光武立，追封淮阳王。［8］大司徒：前汉三公，一为大司马，一为大司空，其一即大司徒也。［9］太常偏将军：太常，汉官名。偏将军，将军之一种。［10］昆阳：汉县名，北齐废，即今河南叶县治。［11］定陵：汉县名，故城在今河南郾城县西北。［12］郾：汉县名，即今河南郾城县。［13］王寻：王莽时，哀章所献金匮图，有王寻姓名。［14］王邑：王商子，于莽为从父兄弟。［15］颍川：郡名，今河南旧许州、陈州、汝宁、汝州诸府州以及禹县至阳武各县皆是。［16］巨无霸：王莽时连率韩博上言，有奇士，长丈，大十围，自谓巨毋霸，轺车不能载，三马不能胜，卧则枕鼓，以铁箸食，此皇天所以辅新室也。愿作大甲高车贲育之衣，遣大将一人与虎贲百人，迎之于道。京师门户不容者，开高大之，以视百蛮，镇安天下。博意欲以风莽。莽恶之，留霸与新丰，更其姓曰巨母氏，谓因文母太后而霸王符也。征博下狱弃市。［17］垒尉：主军壁事之官。［18］阳

关：聚名，在今河南禹县西北。［19］候骑：在外逻候之骑卒也。［20］王凤：王凤自新市起兵，更始立，以为成国上公。［21］王常：舞阳人，字颜卿，王莽末起兵，刘縯说以合从之利，乃引兵与合，与光武共击破王寻、王邑。初事更始，行南阳太守事，赐姓刘。常性恭俭，遵法度，南方称之。光武时，累功拜横野大将军，封山桑侯，位次与诸将绝席。卒谥节。［22］宗佻：随光武出昆阳城南门外收兵，有胆识。［23］李轶：通从弟，素好事，通将归光武。轶与通共议曰："今四方扰乱，新室且亡，汉当更新。南阳宗室，独伯升兄弟泛爱容众，可与谋大事。"通笑曰："吾意也。"轶遂与光武举兵于舂陵，以功封舞阴王，后为朱鲔所杀。［24］瑶：古宝字。［25］假号：假号者，谓更始为天子也。［26］翟义：字文仲，方进少子，为东郡太守。王莽居摄，义心恶之，乃立东平王云子信为天子，义自号柱天大将军，以诛莽。莽乃使孙建、王邑等将兵击义，破之。义亡自杀。［27］云车：即楼车。称云言其高也，升之以望敌，犹墨子所云云梯。［28］钲:似铃,古时行军以节步伐者。［29］冲輣:冲,撞车也。輣,楼车也。［30］橦：橦音撞，突击之义。［31］负户而汲：汲时负户，所以避弩矢也。［32］厌：同压。［33］憙：通喜。［34］敢死者：谓果敢而不畏死者。［35］中坚：军事中军将最尊者居中，以坚锐自辅，故曰中坚。［36］殪：仆也。［37］滍川：即今沙河，在河南汝州，源出鲁山县西吴大岭，东南流经叶县北，东入汝水。［38］颍阳：县名，故城在今河南许昌县西南。［39］父城：县名，属颍川郡，古应国也，故城在今河南安宝丰县东。［40］司徒官属:即伯升官属。［41］三辅豪杰:三辅，谓京兆、左冯翊、右扶风也。豪杰，谓朱弟、张鱼、杜吴、公宾、申屠建等也。［42］文移:文，文书也。移，移与属县者也。［43］冠帻：古卑贱不冠者之服也。［44］诸于：大掖衣也，如妇人袿衣。［45］䙌:䙌作褔，襜褕其短者，自关而西谓之裗褔，如今之绣花半臂也。［46］长吏：长吏谓县令，县长及丞尉也。［47］三老：乡官也。举人年五十以上有修行能率众者，置以为三老，每乡一人。[48]州牧行部事：州牧，即刺史。刺史行郡国，省察改教，黜陟能否，断理冤狱。[49]吏人：人本作民，避太宗世民讳，下同。[50]邯郸：即今直隶邯郸县。[51]赵缪王：景帝七代孙，名元。元坐杀人，为大鸿胪所奏。谥曰缪。[52]赤眉：汉末流贼，贼率樊崇等恐其众与王莽兵乱，皆朱其眉以相别，故曰赤眉，为光武所平。[53]真定：县名，属真定国，即今直隶正定县。[54]卜者王郎：邯郸人，一名昌，素为卜相，工明星历，以为河北有天子气。时赵缪王子林好奇数任侠，而郎与之亲。更始初，遂立郎为天子，林为丞相。未几为光武所破，郎走，追斩之。[55]成帝子子舆：前汉时，曾有人自称成帝下妻子子舆，遮诉立国将军孙建车前。至是林为号召计，故诈称王郎为子舆。

更始元年正月初一甲子日，汉兵再和甄阜、梁丘赐战于沘水以西，大破之，斩甄阜、梁丘赐。伯升又在淯阳打败王莽派来的纳言将军严尤、秩宗将军陈茂，进而围攻宛城。

二月初一，立刘圣公为天子，以伯升为大司徒，光武为太常偏将军。

三月，光武另与诸多将官攻昆阳、定陵、郾城各县，都被攻下，得了很多牛马财货，米谷几十万斛，转送到宛城。王莽听知甄阜、梁丘赐已死，汉帝已即了位，心中大惧，便派大司徒王寻、大司空王邑领兵一百万来攻打，其中甲士共有四十二万人，五月间，便到了颍川郡，再和严尤、陈茂合兵。当初光武做舂陵侯时，家中追收严尤欠的租，严尤见光武奇相而惊异。到这时候，城中出降严尤的人，都说光武不拿财物，只收集兵马出谋定策。严尤笑道："就是那个须眉很美的人吗？他怎么竟干这种事呢！"

起初，王莽征召天下懂兵法的六十三家，共计几百个人，并任为军吏；

选练武备，招募猛士，旌旗遮天，辎重相连，蔓延千里。这时候有个巨人，名叫巨无霸，身长一丈，腰大十围，命他做垒尉；又在前面赶着许多猛兽虎豹犀象，以助威武。自秦、汉以来出师的盛况，从没有像这般过的。光武只率领了几千个兵，在阳关截击他们。诸将看见王寻、王邑的兵威这般壮盛，都退缩而走，跑入昆阳城中，害怕得不知什么似的，又愁念妻子、儿女，想分散返回各自的城邑。光武对众人提议道："如今兵谷既少，外寇非常强大，我们合力抵御他们，或许还可建立功业；如果分兵四散，恐怕大家都很难保全了。且伯升还没有攻下宛城，也不能来相救，昆阳一旦被攻破，只消一日之间，诸部也就跟着灭亡了。如今大家不肯同心协力，共举功名，反而想守住妻儿、财物吗？"诸将都怒道："刘将军何以竟然说这种话！"光武对他们一笑，便站起来。适值探马来报，说大兵不久要到城北，阵势排的约有几百里，还看不见队尾。诸将都连忙相互道："还是请刘将军计议吧！"光武便再给他们计算成败。诸将愁急了，都道"好！好！"那时城中只有八九千人，光武便派成国上公王凤、廷尉大将军王常在昆阳留守。夜间，自己和骠骑大将军宗佻、五威将军李轶等十三骑出昆阳城南门，在外招收兵士。这时候，王莽军队到城下的大约已有十万，光武几乎走不出去。后来到了郾和定陵诸县，便悉数调发各地的营兵，诸将贪图财帛货物，想分些兵留守在那里。光武道："如今若能打败敌人，珍珠宝贝可得到万倍，大功也可以告成；如果给他们打败，连头颅也不能保，财物又有什么用处呢？"众人才依从了他。

严尤说王邑道："昆阳城池虽小，却很坚固，如今僭称帝号的在宛城，我们立刻进大兵攻宛城，他们一定逃走；宛城既败，昆阳自然也就降服了。"王邑道："我从前以虎牙将军的威名，领兵围攻翟义，只因不能活捉他，就受了责罚。如今率领百万兵众，遇到城池不能攻下，怎么说得过去呢？"便围住昆阳城几十重，排列营垒一百多座，云车高的有十几丈，可以低头探看城中，旗帜遮满旷野，埃尘连接天际，钲鼓的声音，可传到几百里远。有的凿地道，有的用撞车、楼车攻城。连射之弩把箭乱发，箭如雨下，城中人要用门板遮着，才能去打水。王凤等乞求投降，王寻、王邑不允，自以为成功只在顷刻之间了，意气闲逸自得。夜间忽有流星落到他的营中，白天又有云像崩塌的山一般当营落下，离地面约一尺的样子才四散而去，军吏士卒看见了，都伏在地上。

六月初一，光武和他的军队一同前进，他率领了步骑千余人，离开大军约四五里处列开阵势。王寻、王邑也率兵几千和他交战。光武奋勇直前，斩首几十级。诸部都高兴道："刘将军平生看见小敌都胆怯，如今见了大敌，却反而勇敢了，很是奇怪，而且他情愿冲在前面，我们大家去帮助将军罢！"光武再进兵向前攻去，王寻、王邑的兵都退了，诸将一齐趁势攻进，斩敌成百上千。连胜几次，于是向前推进。这时，伯升攻下宛城已有三天，光武还不知道，便派一个人拿了信去报告城中，谎称"宛下的兵已到了"，却故意把那封信掉在半路，王寻、王邑拾到信，心中很不乐。这边的诸将屡次打胜，胆气便格外大，没一个人不能抵敌百人。光武和三千人敢死队，从昆阳城西面河边冲敌中心，王寻、王邑阵势大乱，于是光武趁势极力进攻，杀了王寻。城中兵士也击鼓喊杀而出，内外合击，呐喊的声音，振动着天地，莽兵大败，奔逃的兵士互相践踏，死伤者遍布百余里。恰值大雷大风，屋上瓦片飞起，大雨倾盆，滍水暴涨，虎豹都吓得瑟瑟发抖，兵卒争先逃命，淹死的有几万人，水都停止不流了。王邑、严尤、陈茂等轻骑，踏着堵塞在滍水中的死尸，渡水逃走。光武尽得莽军的军器粮草和车甲珍宝，不计其数，搬运了几个月，还搬不完，剩下的只得付之一炬。

光武乘势又攻下颍阳。恰值伯升给更始杀害，光武从父城奔往宛城去谢罪。司徒官属等迎接慰问光武，光武难以和人交接私语，只得自己极力认错。不曾稍微夸张昆阳战胜的功劳，又不敢替伯升发丧穿服，饮食言笑都和平常一样。更始因此内心惭愧，拜光武为破虏大将军，封武信侯。

九月初三,三辅的豪杰一同起来杀死王莽，把他的首级传到宛城。

更始打算北上，定都洛阳，命光武为司隶校尉，让他整修皇宫。光武于是招致下僚属官，起草公文，以从事史察举非法，一律和汉制无异。当时三辅的吏士东迎更始，看见诸将走过，都戴着平民头巾，穿着女人衣服，大掖衣加上绣花的半臂衣，和妇人一般，没有一人不大笑，有的因害怕而逃避。等到看见司隶的下僚属官，都不胜欣喜。有几个老吏涕泣道:“不料今天还会见到汉官的威仪！”从此，有见识的人，便都心向光武了。

等到更始到了洛阳，便派光武以破虏将军职代行大司马之职。十月，光武持节北渡黄河，镇抚各州郡。所到属县，就接见郡守、长吏、三老、官属，下至佐史，考察他们的升降，好像州牧巡查部下一般。公平遣散狱囚，废除王莽的苛政，恢复汉室的官名。官民喜悦，争着拿牛酒来慰劳光武。

光武进至邯郸，已故赵缪王的儿子刘林劝说光武道:“赤眉现在河东，只要决开黄河去淹灌他们，百万兵众就变成鱼了。”光武没有回答，就到真定去。刘林于是就把占卜的王郎诈作成帝的儿子刘子舆，十二月，立王郎为天子，定都邯郸，并派人出去招降下属各郡国。

光武临淄劳耿弇

光武临淄劳耿弇

鼓舞英雄，牢笼叛寇，寓仁柔于刚勇，想见帝之神武。中间将自己处置张步与高帝处置田横比方一番，以感动张步归诚之意。文字又仁厚浑璞，不减《文帝与赵佗书》。

昔韩信破历下[1]以开基，今将军攻祝阿[2]以发迹，此皆齐之西界，功足相方。而韩信袭击以降[3]，将军独拔劲敌，其功乃难于信也。又田横[4]烹郦生，及田横降，高帝诏卫尉不听为仇[5]。张步[6]前亦杀伏隆[7]，若步来归命，吾当诏大司徒[8]释其怨，又事尤相类也。将军前在南阳[9]建此大策，常以为落落难合[10]，有志者事竟成也！

——节《耿弇列传》

[1] 历下：地名，故城在今山东历城县治西，城在历山下，故名。齐屯田于历下以备汉，信击破之。 [2] 祝阿：或作祝柯，故城在今山东长清县东北，唐初移治今之禹城。 [3] "韩信袭击以降"句：高祖使郦食其说齐王田广，齐听郦生罢备汉守御。韩信用蒯通计，袭齐历下军，遂至临淄。齐王以郦生卖己，烹之。 [4] 田横：秦人，本齐王田氏族。韩信既破齐王广，横遂自立为齐王。汉灭项羽，横与其徒属五百人亡入海岛中。高祖使人招之曰："横来，大者王，小者侯；不来，且举兵加诛。"横因与二客诣洛阳，未至三十里，曰："始与汉南面，今奈何北面事之？"遂自杀。 [5] "高帝诏卫尉不听为仇"句：卫尉，食其弟郦商也。高帝恐商与田横为仇，诏郦商曰："横

即至，敢动者族之。”［6］张步：琅邪人，字文公。光武初起，步拥众据本郡。光武遣伏隆拜步为东莱太守。步杀隆，为耿弇所败，降汉，封安丘侯。旋欲招其故众入海，琅邪太守陈俊击斩之。［7］“前亦杀伏隆”句：湛子，字伯文，以节操立名。光武时张步据齐地，隆为大中大夫，移檄告以顺逆，青齐群盗皆降。步遣使随隆诣阙下，光武拜隆光禄大夫，遣使于步。步欲自王，留隆共守二州，隆不从，为步所杀。［8］“吾当诏大司徒”句：伏隆父湛也，字惠公，光武时征拜大司徒，封阳都侯，徙封不其侯，遣就国，征尚书卒。［9］南阳：谓春陵，故城在今湖北枣阳县东。此谓弇从帝幸春陵时，请收上谷兵，定彭宠，取张丰，平张步等。［10］落落难合：落落，犹疏阔也。谓其志大，恐难成就也。

从前，韩信攻破历下，奠定了侯王的基业，现在，将军攻下祝阿，立功扬名。这两块地方都是齐国的西界，功业足以相当。不过韩信是袭击已投降的人，将军却是打败强劲的敌人，功老比韩信更难能可贵了！又田横因受郦食其的欺骗，把他烹死，等到田横降了汉朝，高祖诏令郦食其的弟弟郦商不得报复。张步以前杀了伏隆，如果步来降我，我也当下诏给伏隆的父亲大司徒伏湛释其仇怨，这又是极相似的事情。将军前在南阳提出讨伐张步的大计策，常以为志气太大，疏阔难于成功，到如今才知道，只要有志，事情终会成功啊！

光武报臧宫马武诏

光武报臧宫马武诏

光武存仁心，识大体，爱养黎庶，不喜黩武，故此诏视汉武轮台之悔，有曲突徙薪之计，后世子孙苟能以此为心，何至羌祸愈烈，以是知建武永平之盛有自来焉。文称引多，断制少，断制处又极宛转，无矛圣自雄之习，颇不易易。

《黄石公[1]记》曰，“柔能制刚，弱能制强”。柔者德也，刚者贼也，弱者仁之助也，强者怨之归也。故曰有德之君，以所乐乐人；无德之君，以所乐乐身。乐人者其乐长，乐身者不久而亡。舍近求远者，劳而无功；舍远谋近者，逸而有终。逸政多忠臣，劳政多乱人。故曰务广地者荒，务广德者强。有其有者安，贪人有者残。残灭之政，虽成必败。今国无善政，灾变不息[2]，百姓惊惶，人不自保，而复欲远事边外乎？孔子曰：“吾恐季孙之忧，不在颛臾[3]。”且北狄尚强，而屯田警备传闻之事，恒多失实[4]。诚能举天下之半以灭大寇，岂非至愿；苟非其时，不如息人。

——节《吴盖陈臧列传》

[1] 黄石公：秦隐士，张良游下邳圯上，遇老人，令良取所坠履，乃遗书一编，与良曰：“读此可为王者师。后十三年见济北亲城山下黄石，即我矣。”相传有黄石公《三略》《素书》。 [2]“国无善政，灾变不息”句：语本《左传》。

国无善政，则自取谪于日月之灾。［3］颛臾：春秋国名，风姓，鲁之附庸。今山东费县西北小沂河之南有颛臾村。［4］“而屯田警备传闻之事，恒多失实”句：《公羊传》：见者异辞，闻者异辞，传闻者异辞。

《黄石公记》上说：“柔能够制服刚，弱能够制服强。”因为柔就是德行，刚就是贼害，弱有仁的帮助，强是怨的归宿。所以说有道德的君主，能把自己所快乐着的事情，去快乐他人；没有道德的君主，只管自己快乐。使他人快乐的，自己的快乐就能长久；仅仅是自己快乐的，不久便要灭亡。舍近求远，劳而无功；舍远求近，安逸而有结果。使百姓安居乐业的政治多出忠臣，让百姓劳役繁重的政治多出乱人。所以说专想扩充土地的要荒掉，专想推行德政的却会强盛。以自己所有为满足的可得到安宁，贪着他人那里有的定要毁灭。残暴的政治，哪怕成功了，终要失败！如今国家没有善政，灾变时刻发生，百姓惊慌恐惧，人人不能自保，而还想远征边外吗？孔子道：“我恐怕季孙氏的忧患，并不在颛臾。”且现在北狄还很强大，屯田警备传来的消息，往往多有失实。果真能举天下的一半而灭大寇，难道不是我最大的心愿吗？但如果不是那样的时机，还不如休养生息的好。

马皇后报帝请封外戚诏

马皇后报帝请封外戚诏

情辞兼胜，令人百读不厌。末幅与《敬姜论劳逸篇》“吾冀汝朝夕修我”一段相似，读之不觉咏歌嗟叹。

吾反覆念之，思令两善[1]。岂徒欲获谦谦之名，而使帝受不外施[2]之嫌哉！昔窦太后欲封王皇后之兄[3]，丞相绛侯[4]言受高祖约，无军功，非刘氏不侯。今马氏无功于国，岂得与阴、郭中兴之后[5]等邪？常观富贵之家，禄位重叠，犹再实之木，其根必伤[6]。且人所以愿封侯者，欲上奉祭祀，下求温饱耳。今祭祀则受四方之珍，衣食则蒙御府余资，斯岂不足，而必当得一县乎？吾计之熟矣，勿有疑也。夫至孝之行，安亲为上。今数遭变异，谷价数倍，忧惶昼夜，不安坐卧，而欲先营外封，违慈母之拳拳[7]乎！吾素刚急，有胸中气，不可不顺也。若阴阳调和，边境清静，然后行子之志。吾但当含饴弄孙[8]，不能复关政矣。

——节《皇后纪》

[1] 两善：谓国无滥恩，外戚亦以安全也。 [2] 外施：谓以恩泽封爵外家也。 [3]“窦太后欲封王皇后之兄”句：窦太后，文帝后也。王皇后，景帝后也，兄即王信，后封盖侯。 [4] 绛侯：周勃也。《前汉书》：高祖与功臣约：“非刘氏不王，非有功不侯。不如约，天下共击之。” [5]“阴、郭中兴之后”句：光武为中兴汉室之主，先立郭氏为后，后又废

郭而立阴氏。［6］“犹再实之木，其根必伤”句：文子曰：“再实之木根必伤，掘藏之家后必殃。”再实，犹言再结果也。［7］拳拳：犹勤勤也。［8］含饴弄孙：饴，麦芽糖也。谓年老但当自求恬适也。

我反复地思考，想做到两方面都好。难道我是为获得谦让的美名，却使帝蒙受不施恩于舅父的嫌疑吗？从前，窦太后要封王皇后的哥哥，丞相绛侯周勃说按高祖约法，凡没有军功和不是刘氏的后代，都不得封侯。如今马氏无功于国，难道可以和阴氏、郭氏等中兴的皇后一样吗？我常常看见富贵人家，俸禄爵位，重重叠叠，好像一年结两回果实的树木，它的根必定要受伤。且人们之所以希望封侯，只是要上奉祖宗的祭祀，下求自身的温饱罢了。如今，马家的祭祀享受四方的珍馐，衣食又蒙朝廷俸禄而有余裕，这难道还不知足，而定要得一县封地吗？我再三深思熟虑过了，已没有一点疑惑。最孝顺的行为，要算能安顿父母的心。现在屡次遭受灾变，谷价比前涨了数倍，我日夜忧愁惶恐，坐卧不安，而你却要先对外戚封侯，这违拗了慈母拳拳之心啊！我素来刚直性急，胸中有一股气，是不能不顺的。如果将来阴阳调和了，边境清静不扰了，然后再执行你的打算。我就只含饴弄孙，不能再关心朝政了。

汉明帝永平十二年申明科禁诏

汉明帝永平十二年申明科禁诏

昔曾、闵[1]奉亲，竭欢致养；仲尼葬子，有棺无椁[2]。丧贵致哀，礼存宁俭[3]。今百姓送终之制，竞为奢靡。生者无担石[4]之储，而财力尽于坟土。伏腊[5]无糟糠，而牲牢兼于一奠[6]。縻破积世之业，以供终朝之费，子孙饥寒，绝命于此，岂祖考之意哉！又车服制度，恣极耳目。田荒不耕，游食者众。有司其申明科禁，宜于今者，宣下郡国。

——节《显宗孝明帝纪》

[1] 曾、闵：曾参与闵子骞，为孔子弟子，皆能孝养其亲。 [2]“仲尼葬子，有棺无椁”句：《论语》云“鲤也死，有棺而无椁。”鲤，孔子子。[3] 礼存宁俭：《论语》：“礼，与其奢也宁俭。” [4] 担石：指米粟。担又作儋。《通典》：“《汉书》一百为石，再石为儋。”言人担之也。 [5] 伏腊：伏日在夏，腊日在冬。秦汉时令节。 [6] 奠：丧祭。

从前曾子、闵子侍奉父母，都竭力孝养，使他们欢悦；孔子葬子，有棺材没有椁。这因为丧葬的事重在哀悼死者，依礼也以俭省为妥。现在百姓们丧葬的做法，互相以奢侈相竞争。结果生者无一石米之储存，却把钱财全部花费在坟土里。丧葬的时候把牲畜都杀完，到了冬夏令节的时候，就连一点糟糠的积蓄也没有了。历代的积蓄，只供一朝之用，弄得子孙们没饭吃、没衣穿，命运就这样被断送，这难道是祖上的本意吗？

还有那种车马服饰的制度，也是奢侈极了！田地荒芜了不耕，游荡消费的人太多。官吏们应布告禁止，有适用于现今的法规禁令，通告各郡县。

汉明帝永平十三年塞汴渠诏

汉明帝永平十三年塞汴渠诏

自汴渠[1]决败，六十余岁[2]，加顷年[3]以来，雨水不时，汴流东侵，日月益甚，水门故处，皆在河中，漭瀁[4]广溢，莫测圻[5]岸，荡荡[6]极望，不知纲纪。今兖、豫之人，多被水患，乃云县官不先人急，好兴它役。又或以为河流入汴，幽、冀蒙利，故曰左隄强则右隄伤，左右俱强则下方伤，宜任水埶[7]所之，使人随高而处，公家息壅塞之费，百姓无陷溺之患。议者不同，南北异论，朕不知所从，久而不决。今既筑隄理渠，绝水立门，河、汴分流，复其旧迹，陶丘[8]之北，渐就壤坟[9]，故荐嘉玉[10]絜[11]牲，以礼河神。东过洛汭[12]，叹禹之绩。今五土[13]之宜，反其正色，滨渠下田，赋与贫人，无令豪右得固其利，庶继世宗[14]瓠子[15]之作。

——节《显宗孝明帝纪》

[1]汴渠：即汴河，其上游为古之荥渎，首受黄河，在荥阳者曰蒗荡渠，汉成帝时所开。按，汴渠故道有二，此渠由河南郑县北境，经江苏合泗入淮，今淤。[2]六十余岁：平帝时，汴河决，距明帝此时约六十余年。[3]顷年：近年也。[4]漭瀁：音莽养，水大无涯貌。[5]圻：与垠通，地埒岸也。[6]荡荡：水大貌犹茫茫。[7]水埶：犹水则，堤闸测水高下者也。[8]陶丘：地名，在今山东定陶县西南。[9]壤坟：河中土壤坟起，涨成沙地也。[10]嘉玉：古者祀神用璧，祀毕埋之。嘉玉即璧也。[11]絜：同洁。[12]洛汭：洛水入河处，旧在河南巩县，今在

汜水县西北。［13］五土:《周礼》:山林、川泽、丘陵、坟衍、原隰谓之五土。［14］世宗:汉武帝庙号。［15］瓠子:地名,在今直隶濮阳县南。武帝元封二年,发卒塞瓠子,决河。

自从汴河溃决以来,已有六十几年了。近年来雨水过多,汴河向东面侵入得愈加厉害了。从前的水门都没在河中,河水茫茫,广大得看不到边岸,浩浩荡荡的水势,望也望不到头,更分不出主流和支流。现在兖、豫的百姓时常遭受水灾,有说是县官不注重百姓的急要之事,去兴动其他工程的缘故。又有人认为黄河流入汴河,幽、冀两州的人可以得着好处。所以说左边的堤防强固,便使右边的堤防容易损伤;左右两方都强固了,那末下流的地方也不免要受损伤。最好任水所流,使百姓都居住在高的地方。这样公家可以省下一笔修理堤防的钱,百姓也不会遭水灾了。各人的议论不同,南北两方的意见也不一样,朕也不知依照那一面好,所以长久不能决定。现已筑好了堤防,疏浚了河道,在河边设了水闸以隔绝河水,把黄河和汴河分开了,恢复了以前的旧道。现在陶丘的北面逐渐涨起了沙州,因此用了美玉和五牲祭祀河神。朕东行路过洛水入黄河的地方,不禁要感叹禹王的伟大功绩了。现在山林、川泽、丘陵、坟衍,原隰已回复了旧观,凡在靠近河的低田,一概分给穷人,不准强豪霸占了,这才算得朕继续了武帝修理瓠子河道的伟业。

汉章帝建初元年举贤良方正直言极谏诏

汉章帝建初元年举贤良方正直言极谏诏

朕以无德，奉承大业，夙夜栗栗[1]，不敢荒宁。而灾异仍见，与政相应。朕既不明，涉道日寡;又选举乖实，俗吏伤人，官职耗乱，刑罚不中，可不忧与！昔仲弓季氏之家臣，子游武城之小宰[2]，孔子犹诲以贤才，问以得人。明政无大小，以得人为本。夫乡举里选，必累功劳。今刺史、守相不明真伪，茂才、孝廉岁以百数，既非能显，而当授之政事，甚无谓也。每寻前世举人贡士，或起甽亩[3]，不系阀阅[4]。敷奏以言[5]，则文章可采;明试以功，则政有异迹。文质彬彬[6]，朕甚嘉之。其令太傅、三公、中二千石、二千石、郡国守相，举贤良方正、能直言极谏之士各一人。

——节《肃宗孝章帝纪》

[1] 栗栗:忧惧貌。 [2]“昔仲弓季氏之家臣”句:《论语》:仲弓为季氏宰，问政。子曰:“赦小过，举贤才。”子游为武城宰，孔子谓之曰:“汝得人焉耳乎?”仲弓、子游，皆孔子弟子。武城，鲁邑名。 [3] 甽亩:同畎亩。 [4] 阀阅:《史记》:明其等曰阀，积其功曰阅。言前代举士务取贤才，不拘门地。 [5] 敷奏以言:书，敷奏以言，明试以功。敷，陈也。奏，进也。 [6] 彬彬:有礼貌。

朕以无德，继承了帝位，日夜忧惧，不敢荒怠安逸。但是灾祸怪异的事情不断，与政务相应。朕本来就不英明，治政的日子又不多;推举的官吏名不符实，俗吏伤民，官职混乱，刑罚不当，这些不都是可忧的事吗？从前仲弓不过是大夫季氏的家臣，子游是武城的小官，但孔子尚且要教诲他们保举贤才，问他们用人得不得当。清明的政事不论大小，第一重要的事，就是须有贤人佐治。凡是乡里的推荐，必定举荐功劳多的人。现在一般刺史、守相不明真伪，一年中要举荐数百位的茂才、孝廉，在他们的才能还没有显现出来之前，就叫他们去做行政工作，这真是太没有意义了。每思前世推荐人士，有从乡村中选拔出来，不拘门第。如叫他们发表意见，则所言多可采纳；试教他们去做行政，那末也一定有特殊的成绩。那种文质彬彬的人，朕很敬爱他们。现令太傅、三公、中二千石、二千石、郡国守相，各保举一位贤良正直、肯直言相谏的人来。

马援传

马援传

马伏波明于戒人，不能自免于谗。岂功名之际，谗构易兴，能免者少？抑不能回观物之智，而为反身之察欤？然其人以死勤王事者也。蔚宗文整肃严峻，淳古质朴。今录其尤要者，觉体简词足，疏密擒纵，自具无穷变化也。

马援字文渊，扶风[1]茂陵[2]人也。其先赵奢[3]为赵将，号曰马服君，子孙因为氏。武帝[4]时，以吏二千石自邯郸[5]徙焉。曾祖父通，以功封重合[6]侯，坐兄何罗[7]反，被诛，故援再世不显[8]。援三兄况、余、员[9]，并有才能，王莽时皆为二千石[10]。

援年十二而孤，少有大志，诸兄奇之。尝受《齐诗》[11]，意不能守章句，乃辞况，欲就边郡田牧。况曰："汝大才，当晚成。良工不示人以朴[12]，且从所好。"会况卒，援行服朞年，不离墓所；敬事寡嫂，不冠不入庐[13]。后为郡督邮[14]，送囚至司命府[15]，囚有重罪，援哀而纵之，遂亡命北地。遇赦，因留牧畜，宾客多归附者，遂役属数百家。转游陇汉间，尝谓宾客曰："丈夫为志，穷当益坚，老当益壮。"因处田牧，至有牛、马、羊数千头，谷数万斛。既而叹曰："凡殖货[16]财产，贵其能施赈也，否则守钱虏耳。"乃尽散以班[17]昆弟故旧，身衣羊裘皮绔[18]。

……

八年，帝自西征嚣，至漆[19]，诸将多以王师之重，不宜远入险阻，计冘豫[20]未决。会召援，夜至，帝大喜，引入，具以群议质[21]之。援因说隗嚣将帅有土崩之势，兵进有必破之状。又于帝前聚米为山谷，指画形势，开示众军所从道径往来，分析曲折，昭然可晓。帝曰："虏在吾目中矣。"明旦，遂进军至第一[22]，嚣众大溃。

九年，拜[23]援为太中大夫，副来歙监诸将平凉州[24]。

……

援军还，将至，故人多迎劳之。平陵[25]人孟冀，名有计谋，于坐贺援。援谓之曰："吾望子有善言，反同众人邪？昔伏波将军路博德[26]开置七郡，裁封数百户；今我微劳，猥飨大县，功薄赏厚，何以能长久乎？先生奚用相济？"冀曰："愚不及。"援曰："方今匈奴、乌桓尚扰北边，欲自请击之。男儿要当死于边野，以马革裹尸还葬耳，何能卧床上在儿女子手中邪？"冀曰："谅[27]为烈士，当如此矣。"

还月余，会匈奴、乌桓寇扶风，援以三辅侵扰，园陵危逼[28]，因请行，许之。自九月至京师，十二月复出屯襄国[29]。诏百官祖道。援谓黄门郎梁松[30]、窦固[31]曰："凡人为贵，当使可贱，如卿等欲不可复贱，居高坚自持，勉思鄙言。"松后果以贵满致灾，固亦几不免[32]。

明年秋，援乃将三千骑出高柳[33]，行雁门[34]、代郡[35]、上谷[36]障塞。乌桓候者见汉军至，虏遂散去，援无所得而还。

……

二十四年，武威将军刘尚击武陵五溪蛮夷[37]，深入，军没，援因复请行。时年六十二，帝愍其老，未许之。援自请曰："臣尚能披甲上马。"帝令试之。援据鞍顾眄，以示可用。帝笑曰："矍铄[38]哉是翁也！"遂遣援率中郎将马武[39]、耿舒[40]、刘匡、孙永等，将十二郡募士及弛刑[41]四万余人征五溪。

——节《马援列传》

[1] 扶风：郡名，今陕西凤翔等处。 [2] 茂陵：县名，在今陕西兴平县东北。 [3] 赵奢：战国赵人，初为田部吏，平原君家不肯出租税，奢以法治之，杀用事者九人。平原君以为贤，言于惠文王，用治国赋。秦伐韩，请救于赵，赵以奢为将，大破秦军，号马服君。 [4] 武帝：前汉帝，名彻。[5] 邯郸：战国时赵都。 [6] 重合：汉县名，故城在今山东乐陵县东。[7] 何罗：马何罗与江充相善，充既诛，何罗惧罪及己，谋反，伏诛。[8]"援再世不显"句：言援之祖及父皆不得为显任。 [9] 援三兄况、余、员：《东汉记》谓况字君平，余字圣卿，员字季主。 [10] 王莽时皆为二千石：况为河南太守，余为中垒校尉，员为增山连率。 [11]《齐诗》：前汉东海后苍所传之《诗经》。 [12] 朴：朴同璞，未治之玉也。[13] 庐：舍也。 [14] 督邮：汉官名，为郡守佐吏，主督察属县愆尤。邮即尤之借字。 [15] 司命府：官名，上公以下，皆被纠察，犹今大理院也。[16] 殖货：兴利曰殖。货，财也。 [17] 班：分也。 [18] 绔：同裤。[19] 漆：县名，属右扶风，在今陕西同官县附近。 [20] 冘豫：冘音由，狐疑不决也。 [21] 质：问而取决也。 [22] 第一：谓高平第一城也。高平今甘肃固原县是。 [23] 拜：授官曰拜。 [24] 凉州：即今甘肃省。[25] 平陵：汉县，故城在今陕西咸阳西北。 [26] 路博德：汉平州人，以右北平太守从霍去病出征有功，封符离侯。后以卫尉为伏波将军，破南越益封。坐法失侯，为强弩都尉，屯居延卒。 [27] 谅：信也。言信欲为烈士，当如此也。 [28] 园陵危逼：扶风为三辅之一，三辅近长安，而前汉诸帝陵寝皆在长安，故其地侵扰，则园陵危逼也。 [29] 襄国：县名，故城在今直隶邢台县西南。 [30] 梁松：统子，字伯孙，少为郎，尚光武帝女舞阴长公主，再迁虎贲中郎将。松博通经书，明习故事，常与论议，宠幸莫比。光武崩，受遗诏辅政。永平初迁太仆，数为书请托郡县，发觉

免官，坐诽谤下狱死。［31］窦固：融从子，字孟孙，少尚光武女涅阳公主，为黄门侍郎，好览书传。喜兵法，中元初袭封显亲侯。明帝时拜奉车都尉，出屯凉州，击呼衍王，加位特进。复出玉门，遂破白山，降车师。在边数年，羌胡服其恩信。章帝即位，征为大鸿胪，累迁光禄勋、卫尉。性谦让，爱人好施，士以此称之。卒谥文。［32］固亦几不免：固于明帝时，坐从兄穆有罪，废于家者十余年。［33］高柳：县名，故城在今山西阳高县。［34］雁门：郡名，今山西旧代州，宁武之北部，及朔平南部，大同东部、北部皆其境。［35］代郡：即今山西代县。［36］上谷：郡名，旧保定易州宣化及顺天河间之一部皆其境。［37］五溪蛮夷：武陵有五溪，曰雄溪、樠溪、酉溪、潕溪、辰溪，悉蛮夷所居，故曰五溪蛮，皆槃瓠之子孙也。其地即今湖南旧辰、沅、永、靖四府州，及永绥、凤凰、乾州、晃州四厅，贵州之旧思州、思南、镇远、铜仁、犁平五府，及松桃厅皆是。［38］矍铄：勇健貌。［39］马武：湖阳人，字子张，王莽末为盗，后从光武破王寻等，击破群贼，及即位，封扬虚侯。永平初拜为捕虏将军，破西羌。为人嗜酒，阔达敢言。尝醉，在帝前面折同列，言其短长，帝故纵之，以为笑乐焉。［40］耿舒：弇弟，光武初为复胡将军，击彭宠有功，封牟平侯。［41］弛刑：囚徒之充兵役者。

马援字文渊，扶风郡茂陵县人。他的祖先叫赵奢，是战国时赵国的将军，爵号马服君，后子孙就以马字做姓。汉武帝时，他的祖先以吏二千石从邯郸搬到了茂陵。他的曾祖父马通，因有功劳，封为重合侯，后来因他的兄长何罗和江充做了同党，犯了谋反的罪名，被官家诛死。所以马援以前的两代，都没有贵显。马援的三个哥哥马况、马余、马员都很有才干，王莽时都做了二千石。

马援年十二岁，父亲就死了，然年少时却有大志向，诸兄都觉得他与众不同。曾经受业读过《齐诗》，但他的心志不能拘守在这章句中，便辞别了兄长马况，要到边郡去种田放牧。马况道：“你是大才，成功应当迟些。好匠人不肯把没有雕琢过的玉给人家看。现在姑且听由你找欢喜的事去做吧！”后来恰值马况死了，马援穿了周年的丧服，不离开他兄长的坟墓，又很恭谨的服事寡嫂，不戴帽子是不走进屋舍的。后作了郡中的督邮，解送犯人到司命府，犯人有重罪，马援可怜他，放他逃走了，自已也亡命到北方去。遇着大赦，就留在北方放牧牛羊，宾客多有来依附他的，于是供他指挥役使的有数百家，游牧于陇西、汉中之间。他常常对那些宾客道：“大丈夫立志，穷困时应当格外坚守，年老时应当格外豪壮。”因住在那里种田畜牧，竟有牛马羊几千头，谷几万石。既而叹道：“凡生殖了货财，所贵的是能施散救济，否则就是个守财奴罢了。”于是他把钱财一概散给兄长和旧友，自身只穿件羊皮袍子和一条皮裤子而已。

……

到了建武八年，光武帝西征隗嚣。到了漆县，诸将多认为王师很重要，不应远涉险地，计划疑惑未定。正值召了马援，马援夜至，帝大喜，拉他进来，就告以大家议论的意见征求他的决策。马援就说：“隗嚣的将帅有土崩瓦解之势，进兵就有必破之状。”又在帝面前聚了米，堆成山谷，指画着形势，表明众军来往的道路，分析得曲曲折折，很明白易懂。帝道：“敌虏都在我的眼中了。”第二天早晨，便进兵到第一城，嚣兵果然大败。

九年，拜马援为太中大夫，帮助来歙监察诸将平定凉州。

……

马援的军队回来，快要到了，他的旧友多去迎接慰劳他。平陵人孟冀以有计谋著名，他在坐中也恭贺马援。马援对他道：“我希望你有善言勉励我，你反而同众人一样吗？从前伏波将军路博德开辟南越，设立了七郡，不过封了几百户；如今我只有微小的功劳，倒享有大县的俸禄，功劳很薄，赏赐却厚，怎能长久下去呢？先生可有什么帮助我的呢？”

孟冀道:“我笨,想不到!”马援道:“如今匈奴、乌桓还在扰乱北方的边界,我想请求去讨伐。男儿应当死在边野,拿马皮裹了尸身回来安葬!怎能卧在床上守着儿女呢?”孟冀道:“真正的烈士,应当是这样的!”

回来一月多,刚巧匈奴、乌桓来劫掠扶风,马援因为三辅受到侵扰,园陵受到危逼,便请出战,皇上准许了他。从九月到了京师,十二月再出兵屯扎在襄国。有诏命百官给马援饯行。马援对黄门郎梁松、窦固道:“凡人成显贵,也要能成贫贱,卿等要想不再穷贱,处在高位上要能自持,请勉强想想我鄙陋的话。”后来梁松果然因贵盛到极点而招致灾祸,窦固也几乎不免。

第二年秋天,马援领了三千骑兵从高柳出去,巡查雁门、代郡、上谷各郡的防垒。乌桓国的探子看见汉兵到了,就四散远去。马援无所得而回。

……

建武二十四年,武威将军刘尚攻击武陵五溪的蛮夷,深入重地,全军覆没,马援因而再请出战。这时他年纪已经六十二岁了,帝怜惜他年老,没有允许。马援因自请道:“臣还能披甲上马呢!”帝叫他试试看。马援便把牢马鞍四面顾看,表示还可以用的意思。帝笑道:“勇健呀!这个老翁!”便派马援率领中郎将马武、耿舒、刘匡、孙永等,统领十二郡募来的士卒和那些被宽免刑罚的囚徒共四万多人,前去征讨五溪蛮。

马援论隗嚣书

马援论隗嚣书

君臣朋友，均有当尽义分。援以君臣之义，灭朋友之情。苟不先自委曲表白，几于卖友。贤者举事，光明坦白，故克有功。文字亦激昂古宕，雅韵欲流，讽诵一过，余香满齿颊，是行文以情致胜者。

臣援自念归身圣朝，奉事陛下，本无公辅一言之荐，左右为容[1]之助。臣不自陈，陛下何因闻之。夫居前不能令人轾，居后不能令人轩[2]，与人怨不能为人患，臣所耻也。故敢触冒罪忌，昧死陈诚。臣与隗嚣[3]，本寔交友。初，嚣遣臣东，谓臣曰："本欲为汉，愿足下往观之。于汝意可，即专心矣。"及臣还反，报以赤心，寔欲导之于善，非敢谲以非义。而嚣自挟奸心，盗憎主人，怨毒之情遂归于臣。臣欲不言，则无以上闻。愿听诣行在所[4]，极陈灭嚣之术[5]，得空胸腹，申愚策，退就陇亩，死无所恨。

——节《马援列传》

[1] 左右为容：犹言左右侍奉之人，先为游说于君也。《邹阳书》：蟠木成万乘之器者，左右为之容。 [2]"夫居前不能令人轾，居后不能令人轩"句：车前高曰轩，后低曰轾。此二语犹言为人无所轻重也。 [3] 隗嚣：东汉成纪人，字季孟，王莽末，据陇西，称西州上将军。初受封更始，后属光武，继又叛附公孙述。光武西征，嚣奔西城而死。 [4] 行在所：天子以四海为家，故谓所居为行在所。 [5] 灭嚣之术：时光武未深信援，援恐嚣叛而己亦见疑，

故欲面陈灭嚣之术以自白。

臣援自念归身圣朝，奉事陛下，本来没有公卿等一言的推荐，也没有左右的人为我先言。臣如果自己不说，陛下怎能听见呢？居前不能让他人看重，居后不能让他人看轻，招人怨不能为人患，这是臣感到羞耻的啊！所以敢触犯罪忌，冒死陈述忠诚。臣和隗嚣本来是相交的朋友，当初，隗嚣派臣来洛阳，对臣道："我是想帮汉朝的，请你前去查察一番，如果你认为可帮，我就专心事汉了。"后来等臣回去，赤心至诚的向他报告，实在是想引导他走向好的一面，不敢以不义的事来挑唆他。但是隗嚣却自怀奸心，好像盗贼厌恶主人一般，把怨恨之情都归结到臣的身上。臣如果不说，那末陛下也无从知道。臣希望到陛下那里，详细说明灭隗嚣的策略，把心中的话统统说完，陈述愚下的计策，然后退归陇亩，那末就是死掉，也没有什么遗憾的了。

马援与嚣将杨广书

马援与嚣将杨广书

以书致广，则主在广，藉广规嚣，则主实在嚣，惨语庄言，感人肺腑。伏波文章，极峭婉蕴籍之致，于西汉一种严整之气，东汉一种疏简之势，各具其美，而又自成一家，如烟波淡宕，实开晋人风味，于书简中，敢称祖构。

春卿[1]无恙，前别冀南[2]，寂无音驿。援间[3]还长安。因留上林。窃见四海已定，兆民同情，而季孟[4]闭拒背畔，为天下表的[5]。常惧海内切齿，思相屠裂，故遗书恋恋，以致恻隐之计。乃闻季孟归罪于援，而纳王游翁[6]谄邪之说，自谓函谷以西，举足可定，以今而观，竟何如耶？援间至河内[7]，过存伯春[8]，见其奴吉从西方还，说伯春小弟仲舒望见吉，欲问伯春无它否，竟不能言，晓夕号泣，婉转尘中。又说其家悲愁之状，不可言也。夫怨雠可刺不可毁[9]，援闻之，不自知泣下也。援素知季孟孝爱，曾、闵[10]不过。夫孝于其亲，岂不慈于其子？可有子抱三木[11]，而跳梁[12]妄作，自同分羹[13]之事乎？季孟平生自言所以拥兵众者，欲以保全父母之国而完坟墓也，又言苟厚士大夫而已。而今所欲全者将破亡之，所欲完者，将毁伤之，所欲厚者将反薄之。季孟尝折愧子阳[14]而不受其爵，今更共陆陆[15]，欲往附之，将难为颜乎？若复责以重质，当安从得子主给是哉[16]！往时子阳独欲以王相待[17]，而春卿拒之；今者归老，更欲低头与小儿曹共槽枥而食，并肩侧身于怨家之朝乎？男儿溺死何伤而拘游哉[18]！今国家待春卿意深，宜使牛孺卿[19]与诸耆老大人[20]共说季孟，若计划不从，真可引领去矣。前披舆地图，见天下郡国百有六所，奈何欲以区区二邦以当诸夏百有四乎？春卿事季孟，外有君臣之义，内有朋友之道。言君臣邪，固当谏争；语朋友邪，应有切磋。岂有知其无成，而但萎腇[21]咋舌，叉手从族乎？及今成计，殊尚善也；过此，欲少味矣。且来君叔[22]天下信士，朝廷重之，其意依依，常独为西州[23]言。援商朝廷，尤欲立信于此，必不负约。援不得久留，愿急赐报。

——节《马援列传》

[1] 春卿：杨广字。[2] 冀南：即今河北冀县。[3] 间：近也。[4] 季孟：隗嚣字。[5] 表的：表，标也。的，射的也。言背叛之罪为天下所指射也。[6] 王游翁：即王元，长陵人，字惠孟，事隗嚣为帅。嚣将归光武，元说嚣东封函谷关，据隘自守。及嚣败，元降臧宫，迁东平相。坐垦田不实，下狱死。[7] 河内：大河以北之总称，时光武所辖。[8] 存伯春：存问也。伯春，嚣子恂字也，时居河内。[9] 毁：谤伤也。[10] 曾、闵：谓曾参、闵子骞也。[11] 子抱三木：谓桎梏也。[12] 跳梁：本言狸性趫捷之状，后为小敌叛乱妄为之称。[13] 分羹：《战国策》：乐羊为魏将而攻中山，其子在中山，中山君烹其子而遗之羹。乐羊啜之尽一杯，而攻拔中山。[14] 子阳：公孙述字，茂陵人，哀帝时为清水长，太守以其能，使兼摄五县政事修理，奸盗不发。王莽天凤中，自立为蜀王，都成都。建武初，自立为天子，号成家。述性苛细，察于小事，不见大体。后为吴汉、臧宫所破，郡邑皆降，述被刺死。[15] 陆陆：犹言碌碌也。[16]“当安从得子主给是哉”句：言蜀若复责质子，当何从得子主给之乎。[17]“往时子阳独欲以王相待”句：谓公孙述欲封嚣为朔宁王也。[18] 拘游：谓不浮不沉也。

［19］牛孺卿：名邯，狄道人，隗嚣将，有勇力，才气雄于边陲。及降光武，拜护羌校尉，与来歙平陇西。［20］诸耆老大人：谓豪杰也。［21］萎腇：耎弱也。腇音餧。［22］来君叔：名歙，汉六世孙。初事更始为吏，后归光武，官至中郎将。说隗嚣归汉，嚣叛，复以精兵袭破之，陇西遂安。进攻公孙述，蜀人大惧，使刺客刺杀之。歙有信义，忧国忘家，忠孝彰著。帝闻，赠歙征羌侯。谥节。［23］西州：隗嚣自号西州上将军。参照前篇注。

春卿，你安好吗？从前和你在冀南分别后，一直未通音信。我得空回到长安，因此留住在上林。见四海已定，兆民同心，只有季孟拒绝汉朝，背叛圣主，为天下人所指。我常常怕海内切齿的恨他，想要屠灭他，分裂他，所以寄信给他，恋恋之情，无非尽我一种可怜他的心意罢了。不料听说季孟倒归罪与我，却听信王游翁奉承他的邪说，自认为函谷关以西，只一动脚便可平定，现在看来，究竟怎么样呢？我得空来到河内，去看望伯春，见到他的奴仆吉从西方回来，说伯春的小弟仲舒望见吉，想问伯春可好，却竟说不出来，只是早晚哭泣，辗转于风尘中。吉又说他家悲愁的情形，真是说不得呀！从来有了怨仇，只可讥刺，不可诽谤中伤，我听到后，便不知不觉的淌下眼泪。我素来晓得季孟孝亲爱弟，那怕就是曾参、闵子骞也不过如此。他既然孝敬他的父母亲，难道有不爱他的儿子的吗？世上可有儿子身带刑枷，父亲却还在强横妄作，像乐羊子一样忍心分吃用自己儿子的肉做成的羹汤呢？季孟平常说他之所以拥兵，是想保全父母之国而使祖宗的坟墓完整，又说要优待那些士大夫。如今要想保全的快要破灭了；要想完整的快要毁掉了；要想优待的反而薄待了。季孟曾经辱骂过公孙子阳，也不接受他的官爵，如今却再要和他同流合污，想去依靠他，不感到难为情吗？如果子阳再责备他，要他送儿子到洛阳当人质，他再到那里找得儿子呢？从前子阳要封你为朔宁王，春卿却拒绝了他；现在回去也老了，却还要低着头和小儿辈共着槽枥吃东西，并肩侧身立于怨家的朝廷上吗？男儿淹死何妨，为什么要游得不上不下呢？如今国家待春卿的意思很深挚，你应该让牛孺卿和许多老辈一同劝说季孟，如果替他计划了再不依，那末真的可伸长颈项走了。前日披阅地图，见天下郡国共有一百零六处，怎么可能以这区区的两郡，去抵挡天下的一百零四处呢？春卿服事季孟，外有君臣的名义，内有朋友的情分。讲到君臣，原本是要谏争的；讲到朋友，应当是要切磋的。哪里有明知他不会成功，却软弱不敢开口，叉着手跟他一起被灭族呢？趁现在定下计划，还是很好；若错过这个时机，就没有什么滋味了！且来君叔是天下的信士，朝廷很器重他，他时常为西州说话，有依依不舍之情。我猜想朝廷，特别想在这个事上树立信义，必定不会违背约言的。我不会长久留在这里，请你赶紧给我回信。

马援劳官属

马援劳官属

伏波一生大志，引从弟语反衬，虽觉贤者多劳，然腾声三辅，遨游二帝，负鼎干主，亦千载之遇。文情淋漓特甚，满纸生气郁然，示将吏须历艰苦，始克有功，非作退步想，特自谦耳。

正月，斩征侧、征贰，传首洛阳。封援为新息[1]侯，食邑三千户。援乃击牛酾酒[2]，劳飨军士。从容谓官属曰："吾从弟少游尝哀吾慷慨多大志[3]，曰："士生一世，但取衣食裁足[4]，乘下泽车[5]，御款段马[6]，为郡掾吏，守坟墓，乡里称善人，斯可矣。致求盈余，但自苦耳。"当吾在浪泊[7]、西里[8]间，虏未灭之时，下潦上雾，毒气重蒸[9]，仰视飞鸢[10]跕跕[11]堕水中，卧念少游平生时语，何可得也！今赖士大夫之力，被蒙大恩，猥[12]先诸君纡[13]佩金紫[14]，且喜且惭。

——节《马援列传》

[1] 新息：汉县名，故城在今河南息县东。 [2] 酾酒：以筐漉酒也。[3] 慷慨多大志：谓多大志，则不肯自安，适自苦耳。 [4] 裁足：裁通才，谓衣食自给足矣，不必过富。 [5] 泽车：谓短毂行泽之车，取其利便，不必高车，求其安适。 [6] 款段马：谓行走迟缓之马，不必骖骏马也。[7] 浪泊：湖名，在越南河内省红河、苏沥江之间，越南人称西湖，植莲建离宫其中。 [8] 西里：地名，在今越南境。 [9] 重蒸：谓下潦上雾，两重相蒸也。 [10] 鸢：鸱也。 [11] 跕跕：音喋，堕落貌。 [12] 猥：猥

有乃字意。［13］纡：萦绕也。［14］金紫：谓金印紫绶也。

正月里，斩征侧、征贰，把首级送往洛阳。马援被封为新息侯，有食邑三千户。于是马援乃杀牛备酒慰劳将士，很从容的对他的属下说道："我的从弟少游，曾经担心我慷慨多大志，说道：'士人生在世上，只要衣食足够，不必过富，平常只要有小车乘，有缓行的马可骑，不必骏马，做个郡中的僚属，靠此守着祖先的坟墓，在乡里称个善人就可以了。如果一定要求盈余，只是自己讨苦吃罢了。'当我在浪泊、西里，敌虏没有灭亡的时候，下面都是大水，上面都是瘴雾，毒气熏蒸得很利害，抬头看到飞鸢触了毒气，接连一个个落在水中，那时卧着想少游平生常时的说话，怎可听得呢！如今靠着诸位士大夫的能力，受得圣上的大恩，倒比诸君先佩着金印紫绶，不知不觉的又是喜欢，又是惭愧了。"

马援诫兄子书

马援诫兄子书

此篇为少年子弟之药石，不特文章婉雅蕴籍，疏简淡宕，读之并可以厚心术，免祸败。然伏波终不免梁窦之谗，盖东京之始，已开讥议党比之端，风尚诚难挽也。

援兄子严、敦并喜讥议，而通轻侠客[1]。援前在交阯，还书诫之曰：“吾欲汝曹闻人过失，如闻父母之名，耳可得闻，口不可得言也。好论议人长短，妄是非正法[2]，此吾所大恶也，宁死不愿闻子孙有此行也。汝曹知吾恶之甚矣，所以复言者，施衿结缡[3]，申父母之戒，欲使汝曹不忘之耳。龙伯高[4]敦厚周慎，口无择言[5]，谦约节俭，廉公有威[6]，吾爱之重之，愿汝曹效之。杜季良[7]豪侠好义，忧人之忧，乐人之乐，清浊无所失[8]，父丧致客，数郡毕至，吾爱之重之，不愿汝曹效也。效伯高不得，犹为谨勅[9]之士，所谓刻鹄[10]不成尚类鹜[11]者也。效季良不得，陷为天下轻薄子，所谓画虎不成反类狗者也。讫今季良尚未可知，郡将下车[12]辄切齿[13]，州郡以为言，吾常为寒心，是以不愿子孙效也。”

——节《马援列传》

[1]轻侠客：谓轻浮游侠之人相交也。 [2]是非正法：谓讥刺时政也。[3]施衿结缡：衿，佩带也。缡，香囊也。谓父母送女，亲为施衿结缡，申其训诫也。 [4]龙伯高：名述，汉京兆人，光武时为山都长，帝见马援

书，擢为零陵太守。［5］口无择言：谓不喜讥议也。［6］廉公有威：廉明公正而有威严也。［7］杜季良：名保，汉京兆人，光武时为越骑校尉，豪侠好义，仇人上书讼其行浮薄，乱惑群众，免官。［8］清浊无所失：谓无论贤与不肖皆待之如一也。［9］谨敕：俗敕字，亦谨也。［10］鹄：鸟名，似雁。［11］鹜：鸭也。［12］下车：官初莅任也。［13］切齿：恨怒貌。

马援哥哥的儿子马严、马敦都喜欢讥议时事，爱和轻浮的侠客们往来。马援在交阯的时候，写信告诫他们道："我想你们听到他人过失，像听见父母的名字一样，耳可以听到，口却不可说出。如果喜欢议论他人的短长，胡乱讥刺时政，这是我非常厌恶的，那怕死了也不愿听到子孙有这等行为啊！你们知道我非常厌恶此事，但我一再要说，是为什么呢？好比是女子出嫁，母亲将五彩丝绳和佩巾结于其身，申明父母的的训诫，要使你们不忘记啊！龙伯高是个敦厚周慎的人，不喜欢讥议他人，很谦虚，很节俭，又清廉公正而有威严，我很爱慕他，器重他，希望你们都效法他。杜季良性情豪侠好义，忧愁他人的忧愁，欢乐他人的欢乐，无论好人坏人都一样和他们交往，给他父亲办丧事，有几个郡的人都来吊唁，我也爱慕他，看重他，却不愿你们效法他。为什么呢？因为学伯高学不像的话，还是个规矩子弟，所谓刻鹄不成还像野鸭。如果学季良学不像的话，就堕落的像天下的轻薄子，那就所谓画虎不成反像狗了。现在季良的结局还不可知，每一郡守上任，就切齿的恨他，州郡人士都批评他，我常常为他寒心，所以我不愿子孙效法他啊！"

李固陈事疏

李固陈事疏

顺桓之际，国统三绝，太后称制，贼臣虎视。李固争大义，岂不知守节触祸？实耻覆餗伤任。此疏本《易》言拔茅连茹，《诗》言蔼蔼王多吉士之意，以明积贤为道，积义不磨，确有救时良剂。文亦曲折清挺，有《西京》高雅气象。

臣闻气之清者为神，人之清者为贤。养身者以练神为宝，安国者以积贤为道。昔秦欲谋楚，王孙圉设坛西门[1]，陈列名臣，秦使懼然，遂为寝兵[2]。魏文侯[3]师卜子夏[4]，友田子方[5]，轼段干木[6]，故群俊竞至，名过齐桓，秦人不敢窥兵于西河，斯盖即积贤人之符也。陛下拨乱龙飞，初登大位，聘南阳樊英[7]、江夏黄琼[8]、广汉杨厚[9]、会稽贺纯[10]，策书嗟叹，待以大夫之位。是以岩穴幽人，智术之士，弹冠振衣，乐欲为用，四海欣然，归服圣德。厚等在职，虽无奇卓，然夕惕孳孳，志在忧国。臣前在荆州，闻厚、纯等以病免归，诚以怅然，为时惜之。一日朝会，见诸侍中并皆年少，无一宿儒大人可顾问者，诚可叹息。宜征还厚等，以副群望。琼久处议郎，已且十年，众人皆怪始隆崇[11]，今更滞也。光禄大夫周举[12]，才谟高正，宜在常伯[13]，访以言议。侍中杜乔[14]，学深行直，当世良臣，久托疾病，可勑令起。

——节《李杜列传》

[1]“王孙圉设坛西门”句：秦欲伐楚，使使者往观楚之宝器。昭奚恤乃为坛使客东面，自居西面之坛，称曰：“理百姓，实仓廪，子西在此；奉珪璋，

使诸侯，子方在此；守封疆，谨境界，叶公子高在此；理师旅，正兵戎，司马子反在此；怀霸王之余义，猎治乱之遗风，昭奚恤在此。惟大国所观，使反言于秦君曰：‘楚多贤臣，未可谋也。’”事见《新序》，与本文所引不同。《国语》曰：楚聘于晋，赵简子鸣玉以相，问楚白珩之宝也。圉曰：“白珩，先王之玩也，何宝焉？楚宝惟贤人而已。”［2］寝兵：息兵争之祸也。［3］魏文侯：侯驹孙，名斯，周威烈王时，与韩、赵列为诸侯。受子夏经义，客段干木过其闾，未尝不轼，有誉于诸侯。使乐羊攻拔中山，任西门豹守邺，河南称治。在位三十八年卒，谥文。［4］卜子夏：名商，孔子弟子。著有《诗序》《易传》。［5］田子方：魏文侯以为师，当时之仁人也。［6］段干木：魏人，少贫且贱，游西河，师事卜子夏，守道不仕。魏文侯就造其门，段干木逾墙避之。文侯出，过其庐门而轼，请以为相，不受，乃待以客礼。文侯每见之，立倦而不敢息。［7］樊英：字季齐，习京氏易，兼明五经，善风角，隐于壶山之阳。州郡礼请，卿公荐举，均不就。顺帝备礼征之，不得已至京，称病不起。强舆入殿，犹不以礼屈。帝乃为设坛席，待以师傅之礼，延问得失，英不敢辞。拜五官中郎将，寻称疾笃，诏以为光禄大夫，赐告归卒。英初被诏，佥谓必不降志，及应对亦无奇策深谋，谈者失望。［8］黄琼：香子，字世英，初以文任为太子舍人，辞不就。永建中公卿交荐，公车征至纶氏，称疾不进。李固素慕琼，以书逆之。琼至，即拜议郎，累迁尚书仆射。争议朝堂，莫能抗夺。梁冀既诛，拜琼太尉。奏劾贪污，海内翕然望之。官至司空。卒谥忠。［9］杨厚：统子，字仲桓，少学父业。顺帝时遣使特征至长安，累官侍中。每有灾异，厚辄上消灾之法。而阉官专权，言不得用，梁冀欲与相见，厚不答。后谢病归，教授门徒至三千余人。卒年八十二。［10］贺纯：山阴人，本庆普后，避安帝父讳，改为贺氏，字仲真。少为诸生，博极群义，十辟公府，三举贤良方正，五征博士，四公车征，都不就。后征拜议郎，数陈灾异，上便宜数十事，多见省纳。［11］隆崇：隆高也，崇重也。［12］周举：防子，字宣光，姿貌短陋，而博学洽闻，为儒者宗。顺帝朝为并州刺史，后为谏议大夫。时连有灾异，召对于显亲殿，遣八使巡行风俗，皆选素有威名者，拜举侍中。于是劾奏贪猾，表荐公清，朝廷称之。迁河内太守，征为大鸿胪，卒。［13］常伯:官名，即侍中也。［14］杜乔: 林虑人，字叔，顺帝时为大司农。时梁冀子弟五人及中常侍等，以无功并封，乔上书切谏，不省。嗣又累与冀忤。先是李固见废，内外丧气，惟乔正色无所回挠。为朝野所瞻望。后卒为冀所谮，死狱中。

臣听说气之清的就是神，人之清的就是贤人。保养身体以练神为最宝贵；安定国家以搜罗贤人为正道。从前秦国要想谋攻楚国，楚大夫王孙围在西门外设坛，陈列了许多名臣的名字，秦使看了顿时大吃一惊，便回去告诉秦君，说楚国多贤臣，还不可以图谋，便打消进兵攻楚的事。魏文侯师事卜子夏，结友田子方，轼敬段干木，所以群贤争至，声名超过齐桓公，秦人便不敢用兵窥探魏的西河，这都是广积了贤人的应验呀！陛下拨乱反正，像龙飞天上一般。初登大位的时候，便征聘南阳的樊英、江夏的黄琼、广汉的杨厚、会稽的贺纯，策书赞叹他们，以大夫的位置相待。所以岩穴中隐居的幽人和有智术的士，都弹掉冠上的尘，抖去衣上的灰，乐意为陛下效力，天下都欣欣然，归服陛下的圣德。杨厚等在职守中，那怕没有奇特的表现，然而日夜小心，孳孳不倦，一心为国事操心。臣前在荆州，听到厚、纯等因病免官归乡，心中怅然，因现在的时局为他们感到惋惜。有一天朝会，看见诸侍中都是少年人，并没有一个宿儒大人可以顾问朝政，真是可叹呀！应当要召回厚等，以满足众人之期望。黄琼久做议郎，已将十年，众人都奇怪陛下当初十分看重他们，如今却这般滞留他们。光禄大夫周举才干谋划都很高明正大，应该让他做侍中，访查言论。侍中杜乔学问很渊深，行为也很正直，实是当世的良臣，无奈长久推托疾病，现在可以赐敕给他，令他起身视事。

承宫传

承宫传

颜回箪瓢陋巷，宣尼称其好学，承宫弃豕听经，可谓困而学之者矣。及从政纳忠言，议论切悫，朝臣畏其节，为当世鲠直之臣。文字闲闲叙述，已将学优而仕之意写足，笔致坚老，古韵铿然。

承宫字少子[1]，琅邪姑幕[2]人也。少孤，年八岁为人牧豕。乡里徐子盛者，以《春秋经》授诸生数百人，宫过息庐下，乐其业，因就听经[3]，遂请留门下，为诸生拾薪。执苦数年，勤学不倦。经典既明，乃归家教授。遭天下丧乱，遂将诸生避地汉中，后与妻子之蒙阴山[4]，肆力耕种。禾黍将孰，人有认之者，宫不与计，推之而去，由是显名。三府[5]更辟，皆不应。

永平中，征诣公车。车驾临辟雍，召宫拜博士，迁左中郎将。数纳忠言，陈政，论议切悫，朝臣惮其节，名播匈奴。时，北单于遣使求得见宫，显宗勑自整饰，宫对曰："夷狄眩名，非识实者也。臣状丑，不可以示远，宜选有威容者。"帝乃以大鸿胪魏应[6]代之。十七年，拜侍中祭酒。建初[7]元年，卒，肃宗褒叹，赐以冢地。妻上书乞归葬乡里，复赐钱三十万。

——节《宣张二王杜郭吴承郑赵列传》

［1］承宫字少子：世本承姓，卫大夫成叔承之后也。［2］姑幕：县名，故城在今山东诸城县西南。［3］因就听经：《续汉书》：宫过徐子盛，好之，

因弃其猪，而留听经。猪主怪其不还，求索得宫。门下生共禁止，因留之。然据情理度之，宫未必如此。［4］蒙阴山：在今山东沂州府蒙阴县附近。［5］三府：谓太尉、司徒、司空府也。［6］魏应：任城人，字君伯，少好学，习鲁诗，举明经。永平初为博士，累官光禄大夫，建初中拜五官中郎将。经明行修，弟子著录数千人，章帝重之。时会诸儒于白虎观，讲论五经同异，使应专掌闻难，帝亲临称制如石渠故事。再迁骑都尉，卒官。［7］建初：东汉章帝年号。

承宫字少子，琅邪郡姑幕县人，年少没有了父亲，八岁就给人养猪。乡人徐子盛以《春秋经》教授几百个学生，承宫走过他的门口，停了下来，因喜欢学业，听他讲经，请求留在他的门下，给诸生拾柴薪。苦了数年，勤学不倦。经典既明，就回家教授学生。适值天下扰乱，他便带了诸生来到汉中避乱。后来和妻子到蒙阴山中，竭力耕种。禾稻快要熟的时候，有人来说田是他的，承宫并不和他计较，让给那人就走了，从此有名于世。太尉、司徒、司空三府屡次选拔，他都不应允。

永平中，召他坐公车进京。皇帝车驾到了辟雍，上召承宫拜做博士，迁左中郎将。屡次进纳忠言，条陈政治，议论恳切，朝廷上诸臣都忌惮他的名节，声名远播匈奴。当时，北单于派使臣求见承宫，显宗就命承宫自己整饰预备。承宫回答道："夷狄不过是听得些虚名，不认识实际的人。臣的状貌很丑陋，不可以给远方人看，应该挑选容貌威仪的去见。"帝就以大鸿胪魏应代替他。十七年，拜承宫为侍中祭酒。建初元年去世，肃宗一面褒扬他，一面感叹，赐给他坟地。他的妻子上书请求归葬乡里，于是又赐了三十万钱。

班超传

班超传

定远慷慨投笔，奋迹西域，扬功塞外，全恃善于用兵，能以奇胜。范氏写其雄才大略，跌宕洒脱，无缛腻之习，有西汉风骨。

班超字仲升，扶风平陵[1]人，徐令彪[2]之少子也。为人有大志，不修细节。然内孝谨，居家常执勤苦，不耻劳辱。有口辩，而涉猎[3]书传。永平[4]五年，兄固[5]被召诣校书郎[6]，超与母随至洛阳。家贫，常为官佣书以供养。久劳苦，尝辍业投笔叹曰："大丈夫无他志略，犹当效傅介子[7]、张骞[8]立功异域，以取封侯，安能久事笔研[9]间乎？"左右皆笑之。超曰："小子安知壮士志哉！"其后行诣相者，曰："祭酒[10]，布衣诸生[11]耳，而当封侯万里之外。"超问其状。相者指曰："生燕颔虎头[12]，飞而食肉，此万里侯相也。"久之，显宗问固："卿弟安在？"固对："为官写书，受直以养老母。"帝乃除[13]超为兰台令史[14]。后坐事免官。

十六年，奉车都尉窦固出击匈奴，以超为假司马，将兵别击伊吾[15]，战于蒲类海[16]，多斩首虏而还。固以为能，遣与从事[17]郭恂俱使西域[18]。

超到鄯善[19]，鄯善王广奉超礼敬甚备，后忽更[20]疎懈。超谓其官属曰："宁觉广礼意薄乎？此必有北虏[21]使来，狐疑未知所从故也。明者睹未萌，况已著邪。"乃召侍胡[22]诈之曰："匈奴使来数日，今安在乎？"侍胡惶恐，具服其状。超乃闭侍胡，悉会其吏士三十六人，与共饮，酒酣，因激怒之曰："卿曹与我俱在绝域，欲立大功，以求富贵。今虏使到裁数日，而王广礼敬即废；如令鄯善收吾属送匈奴，骸骨长为豺狼食矣。为之奈何？"官属皆曰："今在危亡之地，死生从司马。"超曰："不入虎穴，不得虎子。当今之计，独有因夜以火攻虏，使彼不知我多少，必大震怖，可殄尽也。灭此虏，则鄯善破胆，功成事立矣。"众曰："当与从事议之。"超怒曰："吉凶决于今日。从事文俗吏，闻此必恐而谋泄，死无所名，非壮士也！"众曰："善。"初夜，遂将吏士往奔虏营。会天大风，超令十人持鼓藏虏舍后，约曰："见火然，皆当鸣鼓大呼。"余人悉持兵弩夹门而伏。超乃顺风纵火，前后鼓噪。虏众惊乱，超手格杀[23]三人，吏兵斩其使[24]及从士三十余级，余众百许人悉烧死。明日乃还告郭恂，恂大惊，既而色[25]动。超知其意，举手曰："掾虽不行，班超何心独擅之乎？"恂乃悦。超于是召鄯善王广，以虏使首示之，一国震怖。超晓告抚慰，遂纳子为质。

……

明年，超发于窴[26]诸国兵二万五千人，复击莎车。而龟兹[27]王遣右将军发温宿[28]、姑墨[29]、尉头[30]合五万人救之。超召将校及于窴王议曰："今兵少不敌，其计莫若各散去。于窴从是而东，长史亦于此西归，可须夜鼓声而发。"阴缓所得生口。龟兹王闻之大喜，自以万骑于西界遮超，温宿王将八千骑于东界徼于窴。超知二虏已出，密召诸部勒兵，鸡鸣驰赴莎车营，胡大惊乱奔走，追斩五千余级，大获其马畜财物。莎车遂降，龟兹等因各退散，自是威震西域。

——节《班梁列传》

[1]平陵：县名，故城在今陕西咸阳县西北。 [2]徐令彪：字叔皮，初事窦融，劝融归汉。光武时举茂才，拜徐令。继司马迁之《史记》作《汉书》，

书未成。其子因续成之。［3］涉猎：谓不能周悉，粗窥览之也，如涉水猎兽然。［4］永平：东汉明帝年号。［5］兄固：班超长兄，字孟坚，博通载籍，明帝时典校秘书，续成父之《西汉书》，时人比之迁、董。［6］校书郎：后汉时郎之典校秘书者。［7］傅介子：北地人，元帝时使西域，刺杀楼兰王，封义阳侯。［8］张骞：汉中人，武帝时凿空西域，封博望侯。［9］研：同砚。［10］祭酒：一坐所尊，则先祭酒。今称祭酒，相尊敬之词也。［11］布衣诸生：言寻常儒生。［12］燕颔虎头：谓贵相也。项下紫色曰燕颔，头大如虎曰虎头。［13］除：拜也。［14］兰台令史：秩百石，掌书奏。兰台本汉藏秘书之宫观，以御史中丞掌之。后始置令史官。［15］伊吾：即伊吾卢，地名，今新疆哈密县，为匈奴呼衍王庭。后汉取之以通西域，旋复为匈奴所得。［16］蒲类海：在今新疆镇西县西北。［17］从事：佐吏之称。［18］西域：指汉敦煌郡以西诸国而言。［19］鄯善：古国名，本楼兰，后更名，今没于沙漠，在今新疆婼羌县地方。［20］更：变易也。［21］北虏：北虏指匈奴。［22］侍胡：给事左右之胡人。［23］手格杀：亲手击杀之也。［24］斩其使：斩匈奴节使名屋赖带，副使名比离支。［25］色动：恂欲分其功，而不能自掩于外，故色动。［26］于寘：西域古国，在葱岭之北，即今新疆之和阗城也。［27］龟兹：西域古国，即今新疆库车县地。［28］温宿：西域国名，即今新疆阿克苏县。［29］姑墨：西域国名，在温宿之东，即今新疆拜城县。［30］尉头：西域国名，治尉头谷，即今新疆乌什县地。

班超字仲升，扶风郡平陵县人，徐令班彪的小儿子。他为人有大志，不大留意小事。孝顺恭谨，居家常常自肯勤苦，并不以劳辱为羞耻。又很有口才，涉猎书传。永平五年，他的哥哥班固被皇帝召去做校书郎，班超和他的母亲同到洛阳。家中很穷，班超常给官家抄写些文书，供养老母。因此长时间工作劳苦，有一天停下事，投笔叹道：“大丈夫没有别的志略，就当学着傅介子、张骞一般人，立功于异域，来取得封侯，怎么能长久在笔砚间做事呢？”左右人都笑他。班超道：“你们小子那里知道壮士的志气呢？”后来班超来到相面的地方，相面的道：“祭酒虽是一个布衣之士，却将来当封侯于万里之外。”班超便问他有什么异相。相面的道：“你生得燕般的颈项，虎般的头，是飞着吃肉的，这就是万里侯的相呀！”过了好久，显宗问班固道：“你的兄弟在什么地方？”固答道：“给官家抄写，得些工钱，奉养着老母。”帝便使班超做兰台令史，后来不知犯了什么事，被免掉官职。

十六年春天，奉车都尉窦固领兵出去击匈奴，用班超做了假司马，让他带了兵另外去击伊吾国，在蒲类海作战，斩了敌人许多首级才回来。窦固认为他很能干，便派他和从事郭恂一同出使到西域去。

班超到了鄯善国，鄯善王广奉承班超很恭敬，后来忽然变得冷淡了。班超对他的官属道：“你们觉得广的礼意比前薄了些吗？这一定是有北方的使臣到来，他疑惑不决，不知依了那边好的缘故。聪明的人能在事情没有发生的以前就看得出来，况且现在不是已经很明了了吗？”便喊服侍他的胡人进来，诈他道：“匈奴的使臣已经来了好几天了，如今在什么地方？”侍胡心虚害怕，便把实情一概说了出来。班超便把侍胡关起来，会齐了他的部属共三十六人，同他们一同饮酒。酒饮到很高兴的时候，班超便用语言激怒他们道：“你们和我现在都在绝域，要立大功，求富贵。如今敌使到来不过才几天，鄯善王广便取消礼敬；如果鄯善王抓了我们，送到匈奴去，那末我们的骸骨就永给豺狼吃了，因当怎样办？”官属都道：“如今身处危亡之地，不论死生，都听你的命令！”班超道：“不走进虎穴，不能捉到虎子。现在的办法，只有趁夜晚天黑，用火攻灭虏使，他们不知道我们有多少人，一定非常害怕，我们便可全部消灭他们。消灭了匈奴人，鄯善王就会吓破了胆，我们便功成事立了！”众人都道：“因当和从事商议下这个事。”班超怒道：“吉凶都决于今天。从事是个是普通的文官，他听得这个消息，一定害怕，定会走漏消息，我们白白去送死而已，这不是壮士所为！”众人都道：“是的！”于是趁将近深夜的时候，他带了吏士赶到虏营。适值天刮大风，班超派十人拿了鼓，藏匿在虏住的屋后，约定道：“看见起了火，都立刻击鼓大喊。”其余各人都执了兵器弓弩，在营门两边埋伏。班超就顺风放火，前后击鼓呐喊，虏众惊慌扰乱，不知有多少兵。班超自己空手格杀了三人，吏兵斩了匈奴的正副使及跟随共三十多人。余众一百多人，都烧死在里头。第二天回去告诉郭恂，郭恂大吃一惊，后来脸色有些变了。班超知道他的意思，便举着手道：“你虽没有一同去破敌，我怎敢独自居功呢？”郭恂这才高兴起来。班超便喊鄯善王广前来，把虏使的头颅给他看，全国都很害怕。班超便晓谕、安抚他们，又把他的儿子送到汉朝做人质。

……

明年，班超率领于窴诸国的兵士共二万五千人，再去攻击莎车国。龟兹王却派左将军调集了温宿、姑墨、尉头各国的兵共五万人来解救他们。班超就召将校和于窴王议道：“如今我们兵少，不能抵敌。现在的计划，不如各自散去。于窴从这里向东去，长史从此西归了。但要等夜间听到鼓声，方才可以出发。”又暗地放松对俘虏的监禁。龟兹王听了大喜，自己率领万骑在西界上阻挡班超，温宿王率了八千骑在东界上拦击于窴王。班超知道两路敌军已经出发了，就密召诸部，约束兵士，在鸡鸣时，赶到莎车国营中。胡人大惊，乱窜乱逃。班超军追击敌人，杀敌五千余人，得到了大批马畜财物。莎车国降服，龟兹等国因此也各自退散。从此班超的威名，震动西域。

班超请破龟兹疏

班超请破龟兹疏

马革裹尸，具见伏波壮志。定远请破龟兹，以夷狄攻夷狄，不烦中国一兵，安远机略，无以易此。行文亦严正，气格高举，健爽似其父。

臣窃见先帝[1]欲开西域，故北击匈奴[2]，西使外国[3]，鄯善、于寘即时向化。今拘弥[4]、莎车[5]、疏勒[6]、月氏[7]、乌孙[8]、康居[9]复愿归附，欲共并力破灭龟兹，平通汉道。若得龟兹，则西域未服者百分之一耳。臣伏自惟念，卒伍小吏，实愿从谷吉[10]效命绝域，庶几张骞[11]弃身旷野。昔魏绛[12]列国大夫，尚能和辑诸戎，况臣奉大汉之威，而无铅刀一割之用乎[13]？前世议者皆曰取三十六国，号为断匈奴右臂。今西域诸国，自日之所入[14]，莫不向化，大小欣欣，贡奉不绝，惟焉耆[15]，龟兹独未服从。臣前与官属三十六人奉使绝域，备遭艰戹。自孤守疏勒，于今五载，胡夷情数，臣颇识之。问其城郭小大，皆言“倚汉与依天等”。以是效[16]之，则葱领[17]可通，葱领通则龟兹可伐。今宜拜龟兹侍子白霸为其国王，以步骑数百送之，与诸国连兵，岁月之间，龟兹可禽。以夷狄攻夷狄，计之善者也。臣见莎车、疏勒田地肥广，草牧饶衍[18]，不比敦煌[19]、鄯善闲也，兵可不费中国而粮食自足。且姑墨、温宿二王，特为龟兹所置，既非其种，更相厌苦，其势必有降反。若二国来降，则龟兹自破。愿下臣章，参考行事。诚有万分，死复何恨。臣超区区，特蒙神灵，窃冀未便僵仆[20]，目见西域平定，陛下举万年之觞，荐勋[21]

祖庙，布大喜于天下。

——节《班梁列传》

［1］先帝：明帝也。［2］北击匈奴：指窦固击匈奴。［3］西使外国：指遣超与郭恂使西域。［4］拘弥：西域古国，亦曰扞弥，居宁弥城，在今新疆于阗县克勒底雅以东之地。［5］莎车：西域国名，即今新疆莎车县，土名叶尔羌。［6］疏勒：西域国名，西当大月氏、大宛、康居孔道，即今新疆喀什、噶尔英吉沙尔二城地。［7］月氏：古国名，强盛时奄有印度河流域、克什米尔、阿富汗及葱岭东西之地。［8］乌孙：西域国名，即今新疆伊犁河流域之地。［9］康居：古国名，领有今新疆北境至中亚之地。［10］谷吉：长安人，元帝时为卫司马，使送郅支单于侍子，为郅支单于所杀。［11］张骞：武帝时为郎，使月氏为匈奴所得，留之十余年。乃亡走大宛，穷急即射禽兽给食。［12］魏绛：晋大夫。晋悼公时，山戎使孟乐如晋，因魏绛纳虎豹之皮，请和诸戎。公悦，使魏绛盟诸戎。事见《左传》。［13］铅刀：钝刀也。贾谊曰："莫邪为钝兮，铅刀为铦。"铅刀一割，言刀虽铅制，利不如宝剑，而乘大汉之威，不可不效一割之用。［14］自日之所入：谓自条支国乘水西行可百余日，近日所入也。［15］焉耆：西域国名，土名喀喇沙尔，在新疆大裕勒都斯河之中央，今县城形势犹如昔。［16］效：犹言验也。［17］葱岭：中国大山主脉，东趋首入新疆。［18］饶愆：富饶蕃衍也。［19］敦煌：郡名，治今甘肃敦煌县。［20］未便僵仆：言未必即死也。［21］荐勋：荐，进也。勋，功也。

据臣所见，先帝因要开发西域，所以北面去攻打匈奴，西面派使者出师出使外国，于是鄯善、于窴两国立刻归附圣朝。现在拘弥、莎车、疏勒、月氏、乌孙、康居各国又都愿意归附，和我们同心协力，击破龟兹国，使通汉的路太平。如果征服了龟兹国，那末西域未服的不过百分之一罢了。臣常想，我虽是个卒伍小吏，也希望像谷吉那样效命于绝域，或像张骞那样弃身在旷野。从前魏绛不过是个列国的大夫，还能使许多戎狄和好，况且臣仰仗着大汉的威武，却没有像铅刀割一割东西的用处吗？古代论者都把夺取西域三十六国，称做断匈奴的右臂。现在西域各国从太阳落下的地方，没一国不归附。大小国家都高兴的不断向我朝进贡，只有焉耆、龟兹两国独不肯服从。臣前和官属三十六人奉使到绝域去，历尽了各种艰难险阻。从孤军困守疏勒，到现在已经五年了。胡人夷狄的性情，臣十分了解。问他们城郭大小怎么样，都说“依靠汉朝和靠天一样”。以此推测，葱岭是可以交通的，葱岭既通，龟兹就可攻伐了。现在应该让龟兹的侍子白霸做国王，用几百步兵骑兵送他前去，再和诸国接连发兵，只消一年或几个月，龟兹王便可擒获。以夷狄攻夷狄，这是最好的计策！臣看见莎车、疏勒的田地肥沃广大，草地牧畜富饶蕃衍，并不像敦煌、鄯善那样荒凉，可以不费中国的兵力，粮食还可以自给自足。而且姑墨、温宿二王都是龟兹王立的，既不是同种，又互相厌恶困苦，这是降服反叛的形势。如果两国来降，那末龟兹自然可破了！望陛下把臣的奏章发下，命诸臣商议此事是否可行。如果可行，那怕就是我死了，又有什么遗憾呢？臣区区小吏，特蒙受陛下神灵，私下希望我不致于死，能亲眼看到西域平定之后，陛下高举万年之觞，荐功勋于祖庙，向天下布告大喜！

班超年老思土疏

班超年老思土疏

定远侯逾葱岭，迄悬度，在西域三十余年。功比充国，不烦中国之兵；智胜马援，不陷远国之谗。上疏求归，恐蛮夷悖逆侮老，难保无虞，设一有变，则损伤威名，亦可谓善保功名者矣。文字凄而壮，劲而不直。

超以久在绝域，年老思土[1]。十二年，上疏曰："臣闻太公封齐，五世葬周[2]，狐死首丘[3]，代马依风[4]。夫周齐同在中土千里之间，况于远处绝域，小臣能无依风首丘之思哉？蛮夷之俗，畏壮侮老。臣超犬马齿[5]歼，常恐年衰，奄忽[6]僵仆[7]，孤魂弃捐。昔苏武留匈奴[8]中，尚十九年，今臣幸得奉节带金银[9]护西域，如自以寿终屯部，诚无所恨，然恐后世或名臣为没西域[10]。臣不敢望到酒泉郡[11]，但愿生入玉门关[12]。臣老病衰困，冒死瞽言，谨遣子勇[13]随献物入塞。及臣生在，令勇目见中土。"

——节《班梁列传》

[1] 思土：思故乡也。 [2] 五世葬周：《礼记》曰：太公封营丘，比及五世皆反葬于周。乐乐其所自生，礼不忘其本。 [3] 狐死首丘：犹言反葬故乡也。丘为狐窟穴根本之处，虽狼狈而死，意犹向此丘。语出《礼记》。[4] 代马依风：代郡名。《韩诗外传》：代马依北风，飞鸟扬故巢。 [5] 犬马齿：犬马之年，卑抑之辞也。 [6] 奄忽：疾速貌。 [7] 仆：倒也。[8] 昔苏武留匈奴：见《苏武传》。 [9] 金银：金印银印也。 [10] "然恐

后世或名臣为没西域”句：言恐后世或谓超陷身西域，未得考终本国，致朝廷负薄待功臣之名。［11］酒泉郡：故城在今甘肃酒泉县东北。［12］玉门关：在今甘肃敦煌县西一百五十里阳关之西北，为古通西域之要道。［13］子勇：超少子，字宜僚，有父风。和帝时匈奴击汉吏，公卿以为宜闭玉门关，勇言宜置校尉、长史以扞抚诸国。乃以勇为西域长史，悉平车师六国，又发诸国兵击降匈奴。是后车师无复虏迹，城郭赖之以安。后与张朗同攻焉耆，朗邀功先至受降，勇以后期下狱免。

班超因久在辽远的边境之国，而且年纪也老了，因此就想回到故乡。十二年，就上疏奏道：“臣听得从前太公望封在齐国，接连五世都还葬到周，狐狸死后头总朝着它出生的土丘，代地的马依恋北风。周和齐同在中原地方，相隔不过千里，尚且这样，何况臣现在辽远的绝域，怎能没有‘依风’‘首丘’的感情呢？蛮夷的风俗，害怕壮健人，欺侮年老和衰弱的人。臣犬马之年已将尽了，常怕年纪衰老，会忽然死去，孤魂抛弃在异域中。从前苏武留在匈奴算是很久了，也不过十九年。如今臣有幸能捧着汉节，带了金银的印绶，在西域做都护，如果能得寿终在屯扎的部伍中，实在没有什么遗憾，不过恐怕后世人或说臣是因过失死在西域的，那就很不好听了。臣不敢望到酒泉郡，只愿活着走进玉门关。臣年纪已老，又害着病，衰弱困苦，冒死奏上不合情理的话，谨派遣臣的儿子勇随贡物入塞，趁臣活着的时候，让勇能亲眼看见中原。”

黄宪传

黄宪传

叔度德量，难以言语形容。文借旁人口中评论，曲折描摹，既以见信，无私加阿附之嫌，亦弥增其声价。一路质叙，不以绘藻见长，自胜刻画万万，当是蔚宗经意笔墨。

黄宪字叔度，汝南[1]慎阳[2]人也。世贫贱，父为牛医[3]。

颍川[4]荀淑[5]至慎阳，遇宪于逆旅[6]，时年十四，淑竦然[7]异之，揖与语，移日[8]不能去。谓宪曰："子，吾之师表[9]也。"既而前至袁阆[10]所，未及劳问，逆[11]曰："子国[12]有颜子，宁识之乎？"阆曰："见吾叔度邪？"是时，同郡戴良[13]才高倨傲，而见宪未尝不正容，及归，罔然若有失也。其母问曰："汝复从牛医儿来邪？"对曰："良不见叔度，不自以为不及；既覩其人，则瞻之在前，忽焉在后[14]，固难得而测矣。"同郡陈蕃[15]、周举[16]常相谓曰："时月之间不见黄生，则鄙吝之萌复存乎心。"及蕃为三公，临朝叹曰"叔度若在，吾不敢先佩印绶矣。"太子王龚[17]在郡，礼进贤达，多所降致，卒不能屈宪。郭林宗[18]少游汝南，先过袁阆，不宿而退，进往从宪，累日方还。或以问林宗。林宗曰："奉高之器，譬诸泛滥，虽清而易挹。叔度汪汪[19]若千顷陂[20]，澄之不清，淆之不浊，不可量也。"

宪初举孝廉，又辟公府，友人劝其仕，宪亦不拒之，暂到京师而还，竟无所就。年四十八终，天下号曰"征君[21]"。

论曰："黄宪言论风旨，无所传闻，然士君子见之者，靡不服深远，去玼吝。将以道周性全[22]，无德而称乎[23]？余曾祖穆侯[24]以为宪隤然[25]其处顺，渊乎其似道，浅深莫臻其分，清浊未议其方。若及门[26]于孔氏，其殆庶乎！故尝着论云。

——节《周黄徐姜申屠列传》

[1]汝南：郡名，河南汝宁、陈州二府，及安徽旧颍州府皆是，治平舆，在今河南汝南县东南。[2]慎阳：在慎水之南，因以为名，即汝南郡治。[3]牛医：中医治牛病者。[4]颍川：郡名，今河南旧许州、陈州、汝宁、汝州诸府州，以及禹县至阳武各县皆是。[5]荀淑：颍阴人，字季和，少有高行，博学而不好章句，当世名贤李固、李膺等皆师宗之。举贤良方正，对策讥刺贵幸，为梁冀所忌。出补朗陵侯相，莅事明理，称曰神君。顷之弃官归，闲居养志。建和中卒。有子八人，并有名，时称八龙。[6]逆旅：客舍也，即今之旅馆。[7]竦然：恭敬貌。[8]移日：日影移也。[9]师表：足为师法与表率者也。[10]袁阆：字奉高，慎阳人。为郡功曹。阆数辞公府之命，不修异操，而知名当时。[11]逆：迎也。[12]子国：称人之乡里也。[13]戴良：伯鸾弟，字叔鸾，才既高达，而议论尚奇。尝曰："我独步天下，谁与为偶？"举孝廉不就，再辟司空府不至，州郡迫之，遂携妻子逃入江夏山中，优游不仕。嫁五女惟贤是择，疏裳布被，竹笥木屐以遣之。五女能遵其共训，皆有隐者之风。良以寿终。[14]瞻之在前，勿焉在后：此二语系颜回慕孔子之辞。[15]陈蕃：平舆人，字仲举，年十五，尝闲处一室，而庭宇芜秽，父友薛勤谓之曰："孺子何不洒扫以待宾客？"蕃曰："大丈夫当扫除天下，安事一室！"郡举孝廉，再迁为乐安太守，累拜太尉。桓帝崩，窦太后临朝，以蕃为太傅，封高阳侯。与后父大将军窦武同心参政，征用名贤。为人方峻疾恶，高节之士争归之，汉末士大夫因之皆崇尚气节。与武谋诛宦官，事泄被害。

[16] 周举：防子，字宣光，姿貌短丑，而博学洽闻，为儒者宗。顺帝朝拜并州刺史，后拜侍中。劾奏贪猾，表荐公情，朝廷称之。迁河内太守，征大鸿胪卒。 [17] 王龚：高平人，字伯宗，安帝时为青州刺史，劾奏贪浊二千石数人，迁汝南太守。好才爱士，后进知名之士莫不归心。累官至太尉。 [18] 郭林宗：名泰，介休人，博通坟典，居家教授，弟子至数千人。尝游洛，与河南尹李膺相友善，于是名震京师，常举不就。善品题海内人士，然不为危言核论，故党锢祸起而泰独免。 [19] 汪汪：深大貌。 [20] 千顷陂：百亩曰顷。陂，蓄水处也。 [21] 征君，有学行而被征召者之尊称。 [22] 道周性全：言道周备而性全一也。 [23] 无德而称：言其德大难名也。 [24] 曾祖穆侯：名汪，字玄平，博学多通，善谈名理。为庾亮佐吏十余年，甚相钦待。桓温伐蜀，令汪率文武出梁国，以失期免为庶人。汪屏居吴郡，从容讲肄，不言枉直。卒谥穆。 [25] 隤然：柔顺貌。 [26] 及门：受业门下为弟子也。

黄宪字叔度，汝南慎阳人，世代贫贱，父亲是个牛医。

颍川人荀淑到了慎阳，在客舍中遇到黄宪，那时黄宪还只有十四岁，荀淑一见很觉诧异，恭敬的和他作揖，交谈了一整天，还不愿离去。对黄宪道：“你是我的先生呀！”后来，荀淑到袁阆寓中，不等到他问候，便道：“你郡中有位颜子，你认识吗？”袁阆道：“你看见我们的叔度了吗？”当时同郡有个叫戴良的，才学很高，性情高傲，但是见了黄宪，没有一次不端正着容貌，等到回家了，恍恍惚惚的好像失去了什么似的。他的母亲问道：“你莫非又是从牛医儿子那里来的吗？”戴良回答道：“我不见叔度时，并不认为不及他；看见了以后，则看他在前，忽然又在后面，他真是难以测度啊！”同郡人陈蕃、周举时常互相说道：“一个月不见黄生，就觉得鄙吝又萌芽在心了。”等到后来蕃做了三公，临朝叹道：“叔度如果还在，我就不敢先佩这印绶了。”太守王龚在郡中礼待贤达的士人，有许多人都被他招至，但始终不能使黄宪屈就。郭林宗年少时，在汝南游学，先去拜访袁阆，不过夜就退出，等去拜访黄宪，隔了好几天方才回来。有人问他，郭林宗道：“奉高的器度，譬如正出的泉水，虽则清洁，却易于舀取。叔度则像汪洋无际的千顷陂水，澄之不清，淆之不浊，真是不可量啊！”

黄宪起初举了孝廉，后来又被公府征召，友人劝他出去做官，黄宪也并不拒绝，才到了京师，就回来了，竟什么官也没做。年四十八岁去世，天下人称他为“征君”。

论曰：“黄宪并没有什么闻名的言论意旨，然而士君子看见他，没一个不佩服他的深远，并努力抛掉自己心中的鄙吝。这不是因为他的道理周到，性子全一，德量高大的缘故吗？我的曾祖父穆侯认为黄宪柔和地顺应变化，道深不可测，浅深不分其所不同，清浊不能说明其所。他如果做了孔子的弟子，差不多就是颜子这样的人。所以特别写下这篇论。”

徐稺传

徐稺传

孺子修清节，啜菽饮水，有闵仲叔之风，隐居不出，颇识去就，有魏仲英之行，所谓闲邪存其诚，舍之则藏焉者。是文简重整肃，雅炼疏宕，质实不华，颇似其人，京高雅文字也。

稺字孺子，豫章南昌[1]人也。家贫，常自耕稼，非其力不食。恭俭义让，所居服其德。屡辟公府，不起。

时陈蕃为太守，以礼请署功曹，稺不免之，既谒而退。蕃在郡不接宾客，唯稺来特设一榻，去则县之。后举有道，家拜[2]太原太守，皆不就。

延熹[3]二年，尚书令陈蕃、仆射胡广[4]等上疏荐稺等曰："臣闻善人天地之纪[5]，政之所由也。《诗》云：'思皇多士，生此王国[6]。'天挺俊乂，为陛下出，当辅弼明时，左右[7]大业者也。伏见处士豫章徐稺、彭城姜肱[8]、汝南袁闳[9]、京兆韦著[10]、颍川李昙[11]，德行纯备，著于人听。若使擢登三事，协亮天工，必能翼宣盛美，增光日月矣。"桓帝乃以安车玄纁，备礼征之，并不至。帝因问蕃曰："徐稺、袁闳、韦著孰为先后？"蕃对曰："闳生出公族，闻道渐训。著长于三辅礼义之俗，所谓不扶自直，不镂自雕。至于稺者，爰自江南卑薄之域，而角立杰出，宜当为先。"

稺尝为太尉黄琼所辟，不就。及琼卒归葬，稺乃负粮徒步到江夏赴之，设鸡酒薄祭，哭毕而去，不告姓名。时会者四方名士郭林宗等数十人，闻之，疑其穉也，乃选能言语生茅容[12]轻骑追之。及于涂，容为设饮，共言稼穑之事。临诀去，谓容曰："为我谢郭林宗，大树将颠，非一绳所维，何为栖栖不遑宁处？"及林宗有母忧，穉往吊之，置生刍一束于庐前而去。众怪，不知其故。林宗曰："此必南州高士徐孺子也。《诗》不云乎，'生刍一束，其人如玉。'吾无德以堪之。"

灵帝初，欲蒲轮聘穉，会卒，时年七十二。

子胤[13]字季登，笃行孝悌，亦隐居不仕。太守华歆[14]礼请相见，固病不诣。汉末寇贼纵横，皆敬胤礼行，转相约敕，不犯其间。建安中卒。

——节《周黄徐姜申屠列传》

[1]南昌：即今江西南昌县。[2]家拜：就家而拜之也。[3]延熹：桓帝年号。[4]胡广：刚六世孙，字伯始，安帝时举孝廉，为天下第一，累迁司徒。以定策立桓帝，封育阳安乐乡侯，复拜太尉，迁太傅。广练达事体，明解朝章，虽无謇直之风，屡有补阙之益。卒谥文恭。[5]善人天地之纪：《左传》：晋三郄害伯宗，谮而杀之，及栾勿忌。韩献子曰："郄氏其不免乎？善人天地之纪也，而骤绝之，不亡何待也？"[6]"思皇多士，生此王国"句：此《大雅》文王之诗。思，愿也。皇，天也。谓愿天多生贤人于此王国。[7]左右：助也。[8]姜肱：广戚人，字伯淮，家世名族。与二弟仲海、季江俱以孝行着闻，兄弟常共卧起。肱通五经，兼明星纬，与徐穉俱征，不至。桓帝使画工图其形状，肱以被韬面，言感疾不欲出风，工竟不得见。中常侍曹节等征肱为太守，乃隐身遁命，远浮海滨，历年乃还。终于家。[9]袁闳：闳少修志节，矫俗高厉。[10]韦著：豹子，字休明，少以经行知名，不应征辟。延熹初，公车备礼征至霸陵，称疾入云阳山，采

药不返。后曹节擅权，白灵帝就家拜东海相。诏书逼切，不得已，解巾至郡，任刑乱政，以此失名，卒为奸人所害，隐者耻之。［11］李昙：颍川人，字云。陈蕃荐其德行纯备，桓帝乃以安车备礼征之，不至。养亲行道，以终于家。［12］茅容：陈留人，字季伟。年四十余，耕于野，避雨树下，众皆夷踞，容独危坐，愈恭。郭泰见而异之，团留寓宿。旦日容杀鸡供母，自以草蔬与泰共饭。泰拜之曰："卿贤乎哉！"因劝令学，卒以成德。［13］子胤：稺子，字季登，笃行孝悌，隐居躬耕，倦则诵经，不受惠于人。时寇贼纵横，皆敬胤礼行，辅相约敕，不犯其间。建安中卒。［14］华歆：高唐人，字子鱼，少与邴原、管宁相善，时号一龙，歆为龙头。汉季举孝廉，除郎中，以病去官。后拜豫章太守，为政清静不烦，吏民畏威。魏文帝时拜相国，明帝时封博陵侯，转太尉。太和中卒，谥敬。

徐稺字孺子，豫章南昌人，家贫，时常自己耕种，不是自己劳动所得不吃。为人恭敬、俭约、义气、谦让，所居住的地方，大家都佩服他的德行。屡次被公府征召，他都不出来。

当时，陈蕃做了豫章太守，备了礼物，去聘请他做功曹，徐稺不好推诿，拜谒后就退下了。陈蕃在郡中是从来不接待宾客的，只有徐稺来了，就为他特设一张榻，他去后，就悬挂起来。后来徐稺又举了有道科，到他家中拜他做太原太守，都不肯就职。

延熹二年，尚书令陈蕃、仆射胡广等上书荐徐稺等道："臣听说善人是天地间的管理者，政治要靠他们建立。《诗经》上说：'希望上天多生些贤士在这王国中。'上天造就的这些秀杰之士，都是为陛下而出现的，他们都是能够担当重任、帮助陛下成就大业的人。臣在民间时，知道处士豫章人徐稺、彭城人姜肱、汝南人袁闳、京兆人韦著、颍川人李昙，他们的道德品行纯正完备，声名为众人所知。如果提拔他们担任三公的职位，协助君王治理国家，定能发扬美德，使日月增光了。”桓帝便用安车和玄色缎，备了礼去征召他们，一个都没有来。帝于是问陈蕃道：“徐稺、袁闳、韦著等，以道德而论哪个应该在先？”陈蕃道：“闳出身在公族中，道德教训，日渐听闻；著生长在三公的礼义习俗中，所谓不扶自直，不镂自雕；至于徐稺，出生在江南卑俗之地，独能像角般的挺立着，自然应当推他为第一。”

徐稺曾经被太尉黄琼征召，不肯就。等到黄琼死了，还乡下葬，徐稺便背了粮食，徒步走到江夏去送葬，设了鸡酒祭奠他，哭完才回去，也没有告诉别人自己的姓名。那时候来送葬的都是四方的名士，郭林宗等几十人闻知这事，疑心是徐稺，于是就找了会讲话的茅容，骑马追赶上去，到了半路，方才追及。茅容为他准备了饮食，共谈稼穑之事。临别的时候，他对茅容说：“替我代谢林宗，大树将要倒了，不是一根绳子能够拉得住的，为什么要独自忙碌的不肯安居度日呢？”等到后来郭林宗的母亲死了，徐稺去凭吊，在庐前摆了青草一束就离开了。众人都很奇怪，不明白他的意思。郭林宗道：“这一定是南州的高士徐孺子了。《诗经》上不是说吗？‘青草一束，其人如玉。’只是我没有德行可以承受这句话。”

灵帝初年，想用蒲轮车聘请徐稺，适值他已死去，时年七十二岁。

徐稺的儿子徐胤，字季登，品行敦厚，孝敬父母、爱护兄弟姐妹，也隐居不仕。太守华歆备了礼请和他相见，他称病推辞不去。汉末贼匪很厉害，但是都敬重胤的品行，转相约束，不许去侵犯他住居的里巷。建安年间去世。

陈寔传

陈寔传

文范先生不为峻洁之，行物自莫得污之，制行如此，最不易到。文字历落叙来，旨深意远，整饬不灭班氏，而雅逸过之。

陈寔字仲弓，颍川[1]许[2]人也。出于单微[3]。自为儿童，虽在戏弄，为等类所归。少作县吏，常[4]给事厮役[5]，后为都亭刺史佐。而有志好学，坐立诵读。县令邓邵试与语，奇之，听受业太学[6]。后令复召为吏，乃避隐阳城山[7]中。时有杀人者，同县杨吏以疑寔，县遂逮系[8]，考掠[9]无实[10]，而后得出。乃为督邮[11]，乃密托许令，礼召杨吏。远近闻者，咸叹服之。

家贫，复为郡西门亭长[12]，寻转功曹。侍中常侍侯览[13]托太守高伦用吏，伦教[14]署为文学掾[15]。寔知非其人，怀檄[16]请见。言曰："此人不宜用，而侯常侍不可违。寔乞从外署[17]，不足以尘明德[18]。"伦从之。于是乡论怪其非举，寔终无所言。伦后被征为尚书，郡中士大夫送至轮氏[19]传舍。伦谓[20]众人言曰："吾前为侯常侍用吏，陈君密持教还，而于外白署。比闻议者以此少之，此咎由故人[21]畏惮强御，陈君可谓善则称君，过则称己者也。"寔固自引愆，闻者方叹息，由是天下服其德。

司空黄琼辟选理剧[22]，补闻喜[23]长，旬月，以朞丧去官。复再迁除太丘[24]长。修德清静，百姓以安。邻县人户归附者，实辄训导譬解，发遣各令还本司官[25]行部[26]。吏虑有讼者，白欲禁之。寔曰："讼以求直，禁之理将何申？其勿有所拘。”司官闻而叹息曰：“陈君所言若是，岂有怨于人乎[27]？”亦竟无讼者。以沛相赋敛违法，乃解印绶去，吏人追思之。

及后逮捕党人，事亦连寔。余人多逃避求免，寔曰：“吾不就狱，众无所恃。”乃请囚焉。遇赦得出。灵帝初，大将军窦武[28]辟以为掾属。时中常侍张让[29]权倾天下。让父死，归葬颍川，虽一郡毕至，而名士无往者，让甚耻之，寔乃独吊焉。及后复诛党人，让感寔，故多所全宥。

寔在乡闾，平心率物。其有争讼，辄求判正，晓譬曲直，退无怨者。至乃叹曰：“宁为刑罚所加，不为陈君所短。”时，岁荒民俭，有盗夜入其室，止于梁上。寔阴见，乃起自整拂，呼命子孙，正色训之曰：“夫人不可不自勉。不善之人未必本恶，习以性成，遂至于此。梁上君子者是矣！”盗大惊，自投于地，稽颡归罪。寔徐譬之曰：“视君状貌，不似恶人，宜深克己反善。然此当由贫困。”令遗绢二匹。自是一县无复盗窃。

太尉杨赐[30]、司徒陈耽[31]，每拜公卿，群僚毕贺，赐等常叹寔大位未登，愧于先之。及党禁始解，大将军何进[32]、司徒袁隗[33]遣人敦寔，欲特表以不次之位。寔乃谢使者曰：“寔久绝人事，饰巾[34]待终而已。”时，三公每缺，议者归之，累及征命，遂不起，闭门悬车[35]，栖迟[36]养老。中平四年，年八十四，卒于家。何进遣使吊祭，海内赴者三万余人，制衰麻者以百数。共刊石立碑，谥为文范先生。

有六子，纪[37]、谌[38]最贤。

——节《荀韩钟陈列传》

[1] 颍川：详《黄宪传》注四。 [2] 许：汉县名。魏武帝以献帝自洛

阳迁都于许。即此处。后改许昌，即今河南许昌县。［3］单微：言累代均微贱不显贵也。［4］常：通尝。［5］给事厮役：为厮役之事。［6］太学：汉时最高之学校，设于京师。［7］阳城山：在今河南登封县东北。［8］逮系：拘囚之也。［9］考掠：考问鞭笞也。［10］无实：无实证也。［11］督邮：督邮见前。［12］亭长：秦汉时，十里一亭，亭设长，主捕缉盗贼等事。［13］侯览：参弟，桓帝初为中常侍，以佞猾进，倚势贪放，受纳货遗，累封高卿侯。建宁初，张俭奏览罪恶，览遮截其章，又诬以钩党，夷灭之。熹平初，为有司所举奏，遂自杀。［14］教：郡守命令。［15］文学掾：郡守属官。［16］檄：檄板书，谓以高伦之教书之于檄而懐之者，惧泄事也。［17］乞从外署：谓不欲陷伦于请托也。［18］尘明德：尘，污也。承宦者之意以用吏，则受人之议，有污明德矣。［19］轮氏：县名，即今河南登封县。［20］谓：谓同为。［21］故人：高伦自称。［22］理剧：谓治理繁剧之才。［23］闻喜：县名，今属山西。［24］太丘：县名，故城在今河南永城县西北。［25］司官：谓三司之官也。［26］行部：巡行纠察各部也。［27］“岂有怨于人乎”句：言寔必无怨于人，不虑人之讼也。［28］窦武：融玄孙，字游平，少以经行著名关西。延熹中以长女立为后，封槐里侯，拜城门校尉。在位多辟名士，清身疾恶，礼赂不通。李膺、杜密等坐党事濒死，武独抗疏出之。灵帝立，拜大将军，更封闻喜侯，与陈蕃同心辅政。谋诛宦官，事泄，为曹节等所害。［29］张让：颍川人，灵帝时为中常侍，封列侯，说帝令敛天下田亩税十钱以修宫室，发太原、河南、狄道诸郡材木及文石，百姓呼嗟。帝崩，袁绍勒兵捕宦官，让劫少帝走河上，迫急投河死。［30］杨赐：秉子，字伯献，少传家学，笃志博闻。桓帝时官侍中。灵帝朝侍讲华光殿，累迁司徒。直言极谏，以师傅恩得免咎。历太尉，封临晋侯，迁司空。卒谥文烈。［31］陈耽：东海人，字汉公，以忠正称，历位三司。光和中诏公卿以谣言举刺史二千石为民蠹害者，时太尉许馘、司空张济于宦者子弟宾客虽贪污不问，而虚纠小郡清修有惠化者。耽上言谓放鸱枭而囚鸾凤，宦者怨之，诬陷耽，死狱中。［32］何进：宛人，字遂高，灵帝朝以女弟为皇后，征拜侍中，迁大将军，以发贼党奸，封慎侯。何太后临朝，进为太傅。后以谋诛中官，反为所害。［33］袁隗：逢弟，字次阳，献帝初为太傅。从子绍、术等起兵讨董卓，卓忿，遂诛隗。［34］饰巾：以幅巾为饰，不加冠冕。［35］悬车：悬其车示不再出门也。［36］栖迟：栖迟为游息也。［37］纪：字元方，与弟谌俱以德称，四府辟命，无所屈就。［38］谌：字季方，与纪齐德同行，父子并着高名，时号三君。每宰府辟召，常同时旌命，羔雁成群，当世荣之。早卒。

陈寔字仲弓，颍川许县人，出身低微。儿童时，虽在顽耍，也为儿童们拥护。他年轻时做县吏，常被差遣做仆役的事，后来做了都亭刺史的帮手。有志好学，不论坐立，都在诵读。县令邓邵偶然与他谈话，觉得他与众不同，就任凭他到太学受业。后来县令又召他回来做吏，陈寔便隐居在阳城山中，不肯出来。当时有杀了人的，同县人杨吏疑心是陈寔所为，县里便把他捉去拷打审讯，因没有真凭实据才放出。等到陈寔做了督邮，便密托许县令用礼召杨吏，远近的人听到这事都很叹服。

因为家贫，陈寔再出来做了郡西门的亭长，后来又转做功曹。当时中常侍侯览托太守高伦任用一吏，高伦教令代理文学掾。陈寔知道那人是干不来事情的，就怀藏太守教令，请见太守道："这人不宜用，但是侯常侍也不能违背，我请从外面署他，这样不会有损你的明德。"高伦听了他的话。以后乡里议论，都责怪陈寔举荐不当，陈寔却终究不说什么。高伦后来被召做尚书，郡中士大夫送到轮氏县传舍，高伦对众人道："我从前为侯常侍用一个吏，陈君暗中拿了教令来，另在外边署了他的名字。后来听说人们多有议论，因这件事轻视他，这个过错是由于我畏惧有权势的人，陈君真可谓是一位善事归他人，过失归己的人啊！”然而陈寔却仍然自己认错，听到的人都叹息不已，从此天下的人都佩服他的德行。

司空黄琼举荐他去治理事务极为繁重的地方，陈寔补了闻喜长，不到一个月，因有一年的丧服而离官。后来再迁官，授了太丘长。他讲究修养德行，清静无为，因而百姓安乐。邻县人家来归附的，陈寔往往训诲劝导，譬喻解说给他们听，送他们各归本部主官。胥吏恐有争讼，告诉陈寔，想要禁止。陈寔道：“争讼不过是想求个曲直，禁止了它，道理怎能让大家明白呢？不要拘禁他们。”司官听到这话，叹息道：“陈君所说如此，难道还会有怨恨他的人吗？”终究没有什么争讼。后因沛相赋敛违法，陈寔被解除了印绶去官，吏人很怀念他。

后来逮捕党人，事也连累到陈寔，余人都逃避求免祸，陈寔独道：“我不到监狱里，大家就没有依靠。”就请官家拘囚。适遇赦令，得以放出。灵帝初年，大将军窦武请陈寔做属吏。当时，中常侍张让权倾天下，张让的父亲死后，归葬颍川郡，虽然一郡人都来吊，但是那些名士却没一个去的，张让深以为耻，只有陈寔独自去吊。后来再诛党人，张让感激陈寔，因此很多人得到了赦免，保全了身家性命。

陈寔在乡里处事公正，为人表率。郡人有争讼的，往往来求他主持公道，陈寔总是给他们晓解譬喻，辨别曲直，退去后没一人有怨言，甚至叹道：“宁可受刑罚，不可让陈君说不是。”当时，年岁荒歉，百姓贫苦，有个贼夜间进入他的屋里，躲在梁上。陈寔暗中看见了，就起来亲自整理拂拭，然后召集子孙，正色的训诫他们道：“做人不可不自勉，不善的人未必生来就是恶的，习惯了就养成了性格，所以弄得这般下贱。像梁上君子就是这样的。”贼听到这话，大吃一惊，便自己跳下地来，磕头认罪。陈寔缓缓地譬喻给他听道：“看你的状貌，并不像恶人，应当很努力的约束自己，去做一个好人。不过你做这个事也许是因为贫困吧。”就命子孙拿来两匹绢送给他。从此，全县再也没有盗窃了。

太尉杨赐、司徒陈耽每拜公卿，群僚都来恭贺，赐等常叹道：“寔还没有登这大位，我们实在很惭愧在他之先。”等到后来党禁开始解除，大将军何进、司徒袁隗派人敦聘陈寔，想不照寻常次序的位置，特别表荐他。陈寔辞谢使者道：“我久已不想人世间的事，整饰了头巾等死罢了。”当时三公每有缺席，议论的都归向他，屡次请他，他总不肯出来，闭着门，搁起车子，游息养老。中平四年，年八十四，在家中去世。何进派使者吊祭，海内去吊唁的共有三万多人，穿着衰麻的竟有一百多人，共同刻石立碑，谥为“文范先生”。

他有六个儿子，纪和谌最为贤能。

吴祐传

吴祐传

吴翁温厚仁爱，刚烈不屈，义干梁冀，力争李固，謇直君子也。范文历叙行事，气格高爽，苍郁古茂，读之令人神酣。

吴祐字季英，陈留长垣[1]人也。父恢，为南海[2]太守。祐年十二，随从到官。恢欲杀青简[3]以写经书，祐谏曰："今大人踰越五领[4]，远在海滨，其俗诚陋，然旧多珍怪，上为国家所疑，下为权戚所望[5]。此书若成，则载之兼两[6]。昔马援以薏苡兴谤[7]，王阳以衣囊徼名[8]。嫌疑之间，诚先贤所慎也。"恢乃止，抚其首曰："吴氏世不乏季子[9]矣。"及年二十，丧父，居无担石[10]，而不受赡遗。常牧豕于长垣泽中，行吟经书。遇父故人，谓曰："卿二千石子而自业贱事，纵子无耻，奈先君何？"祐辞谢而已，守志如初。

后举孝廉，将行，郡中为祖道[11]，祐越坛[12]共小史雍丘[13]黄真[14]欢语移时，与结友而别。功曹以祐倨，请黜之。太守曰："吴季英有知人之明，卿且勿言。"真后亦举孝廉，除新蔡[15]长，世称其清节。时，公沙穆[16]来游太学[17]，无资粮，乃变服客佣，为祐赁舂[18]。祐与语大惊，遂共定交于杵臼之间。

祐以光禄四行[19]迁胶东[20]侯[21]相。时济北[22]戴宏[23]父为县丞，宏年十六，从在丞舍。祐每行园，常闻讽诵之音，奇而厚之，亦与为友，卒成儒宗[24]，知名东夏[25]，官至酒泉太守。祐政唯仁简，以身率物。民有争诉者，辄闭阁自责，然后断其讼，以道譬之。或身到闾里，重相和解。自是之后，争隙省息，吏人怀而不欺。啬夫[26]孙性私赋民钱，市衣以进其父，父得而怒曰："有君如是，何忍欺之！"促归伏罪。性惭惧，诣阁持衣自首。祐屏退左右问其故，性具谈父言。祐曰："掾以亲故，受污秽之名，所谓'观过斯知仁[27]矣'。"使归谢其父，还以衣遗之。又安丘[28]男子毋丘长与母俱行市，道遇醉客辱其母，长杀之而亡，安丘追踪于胶东得之。祐呼长谓曰："子母见辱，人情所耻。然孝子忿必虑难，动不累亲。今若[29]背亲逞怒，白日杀人，赦若非义，刑若不忍，将如之何？"长以械自系，曰："国家制法，囚身犯之。明府虽加哀矜，恩无所施。"祐问长："有妻、子乎？"对曰："有妻未有子也。"即移安丘[30]逮长妻，妻到，解其桎梏[31]，使同宿狱中，妻遂怀孕。至冬尽行刑，长泣谓母曰："负母应死，当何以报吴君乎？"乃啮[32]指而吞之，含血言曰："妻若生子，名之'吴生'，言我临死吞指为誓，属儿以报吴君。"因投缳[33]而死。

祐在胶东九年，迁齐[34]相，大将军梁冀[35]表为长史。及冀诬奏太尉李固，祐闻而请见，与冀争之，不听。时扶风马融[36]在坐，为冀章草，祐因谓融曰："李公之罪，成于卿手。李公即诛，卿何面目见天下之人乎？"冀怒而起入室，祐亦径去。冀遂出祐为河间[37]相，因自免归家，不复仕，躬灌园蔬，以经书教授。年九十八卒。

长子凤，官至乐浪[38]太守；少子恺，新息[39]令；凤子冯，鲷阳[40]侯相：皆有名于世。

——节《吴延史卢赵列传》

[1] 长垣：县名，即今直隶长垣县。 [2] 南海：汉时郡名，在今广东。 [3] 杀青简：以火炙简令汗，取其青易书复不蠹，谓之杀青，亦曰汗简。 [4] 五领：谓大庾、骑田、都庞、萌渚、越城也。 [5] 所望：谓希望其所

遗也。［6］两：通辆，车有两轮，故称两也。［7］兴谤：马援自交趾军还，载薏苡于后车，谮者以为所载皆明珠。［8］徼名：王阳好车马，衣服鲜明，而迁徙转移，所载不过囊橐，时人怪其奢，伏其俭，故俗传王阳能作黄金。［9］季子：谓吴季札也。［10］担：担与儋通。儋，二石也。［11］祖道：饯行也。［12］坛：封土为之，所以祭神。［13］雍丘：地名，故城在今河南汲县。［14］黄真：字夏甫，为郡小吏，与吴祐为友。后举孝廉，为新蔡长，世称其清节。［15］新蔡：汉县名，即今河南新蔡县。［16］公沙穆：胶东人，字文乂，习《韩诗》《公羊》《春秋》，尤锐思河洛推步之术，居建成山中，依林阻为室。后举孝廉，以高第为主事，累迁辽东属国都尉，善得吏人欢心。六子皆知名。［17］太学：太学见上首注。［18］赁舂：言为米工也。［19］光禄四行：光禄勋卿，岁以敦厚、质朴、逊让、节俭四行科第诸郎从官，故名。［20］胶东：今山东平度等县地。［21］侯：功臣贾复之后，所食惟胶东县之地。［22］济北：汉国，地在今山东。［23］戴宏：刚人，字元襄，世称儒宗，知名东夏，与祐为友。年三十二为郡督邮，曾以职事见诘府君，欲挞之。宏曰："今鄙郡遭明府，咸以为仲尼之君。国小人少，以宏为颜回，岂闻仲尼有挞颜回之义？"府君异其对，即日教署主簿。后至酒泉太守。［24］儒宗：儒者之宗师也。［25］东夏：东方也。［26］啬夫：官名，置于乡，职听讼，收赋税。［27］"观过斯知仁"句：此系孔子之言。［28］安丘：县名，即今山东安丘县。［29］若：汝也。下二若同。［30］移安丘：移文书于安丘。［31］桎梏：刑具。在足曰桎，在手曰梏。［32］啮：音臬，齿相切以断物也。［33］投缳：以绳自缢也。［34］齐：汉国名，在今山东。［35］梁冀：商子，字伯车，为人鸢肩豺目，洞精矘眄，口吟舌言，裁能书计，少为贵戚，逸游自恣。初为黄门侍郎，永和初拜河南尹，居职多暴恣非法。桓帝时一门三后六贵人，七侯二大将军，尚公主者三人，其余卿尹将校五十七人。在位二十余年，穷极满盛，威行内外，百僚侧目。后帝与中常侍单超等谋诛冀，诸梁及妻孙氏中外宗亲无少长皆弃市，免黜者三百余人，朝廷为定。［36］马融：续弟，字季长，有俊才。初应邓骘召，拜朗中，历武都、南郡太守，后复拜议郎，以病去。融才高博洽，为世通儒，卢植、郑玄皆其徒，著书颇多。初，融惩于邓氏，不复复忤势家，遂为梁冀草奏李固，又作大将军西第颂，以此颇为正直所羞。廷熹末卒，年八十八。［37］河间：汉国，在今河北。［38］乐浪：郡名，今朝鲜之平安、黄海、京畿诸道，及忠清道之北境是。［39］新息：县名，故城在今河南息县东。［40］鲖阳：县名，在今河南新蔡县东北。

吴祐字季英，陈留长垣人。他的父亲名恢，做过南海太守。吴祐十二岁时，跟随父亲到任。那时吴恢要炙了竹简写经书，吴祐谏道：“现在大人走过五岭，远在海边，这里的风俗诚然是鄙陋，然而一向多珍宝怪异的东西，在上为朝廷所疑忌，在下为权臣贵戚所欲占有。这书如果写成了，要用好几辆车子才可运载。从前马援因为后车载了薏苡，就遭到谤毁，王阳因为车上只有囊橐，有幸得了名声。身处嫌疑之地，是先贤所要谨慎的。”吴恢就停笔不写了，手抚着他的头道：“吴家世代有季子啊！”吴祐二十岁时，父亲死了，家中没有一担一石的积蓄，但是他也不接受别人的赠送。时常在长垣泽中牧猪，一边走，一边读着经书。碰到他父亲的朋友，对他道：“你是二千石的儿子呢！却做这种贱业，即使你不以为耻，但让你令先君的颜面，怎样过得去呢？”吴祐只是口中称谢罢了，仍然守志如初。

吴祐后来举了孝廉，快要走的时候，郡中给他饯行，吴祐却跨过席次，和小史雍丘人黄真畅谈了多时，和他结成朋友才分别。功曹因吴祐倨傲，请太守罢黜他。太守道：“吴季英有知人之明，你且不要多说。”黄真后来果然也做了孝廉，任命为新蔡长，世人称他有高洁的节操。当时公沙穆来太学学习，没有资财粮食，于是换了衣裳给人做佣工，为吴祐舂米。吴祐和他谈天后大惊，于是两人定下杵臼之交。

吴祐以光禄四行迁胶东侯相。当时，济北人戴宏的父亲做县丞，戴宏年十六岁，跟从在丞舍中。吴祐每走到园中，常听到讽诵的声音，心中诧异，于是待他很厚，也和他结为朋友。戴宏后来也成了大儒，闻名东方，官至酒泉太守。吴祐为政以仁爱简易为主，以身作则，百姓有讼事，每每先闭门反省，然后再去判案，用道理譬喻说给他们听。或者亲自到闾里中去，给他们和解。从此之后，争讼少了，吏人感念恩德，不相欺诈。当时，有个小吏名叫孙性，私自向老百姓要了钱粮，买了布衣，孝敬他的父亲。他的父亲接了衣，怒道："有这样正直的县君，你还好意思去欺骗他吗？"就催促他前去认罪。孙性惭愧恐惧，拿着衣到官署中自首。吴祐屏退了左右，问他缘故。孙性把他父亲的言语一一告明。吴祐说道："你为了父亲受这恶名，这就是所说的观过知仁呀！"便叫他回去感谢他的父亲，又把衣裳送给了他。又安丘有个男子，名叫毋丘长，和母亲同在市中行走，路上碰到一个酒醉的人，侮辱了他的母亲，毋丘长就把他杀死后逃走了。安丘县追踪到胶东才把他拿获。吴祐把毋丘长叫来道："儿子见母亲受辱，这是人情很觉羞耻的。但是孝子忿怒，一定要想到后果，行为总不能牵累双亲。如今你违背了母亲，肆意忿怒，白日杀人，赦了你便是不义，刑戮你却又不忍，怎么办呢？"毋丘长便拿刑械自己系着道："国家制定的法律，我犯了罪，明府虽则可怜我，但这是不能施恩的。"吴祐便问毋丘长："你有妻子、儿女吗？"毋丘长回答道："有妻子，没有儿子。"于是移文安丘县捉来毋丘长的妻子，他的妻子到后，解除了他的刑械，让他们在狱中同宿，妻受了孕。到冬尽快要行刑了，毋丘长便哭着对他母亲道："辜负了母亲，罪应万死，但怎样报答吴君呢？"就咬断手指，吞了下去，含着血说道："我妻子若生了儿子，名字就叫'吴生'，说我临死时吞指发誓，嘱咐儿子要报答吴君！”说罢就自缢而死。

吴祐在胶东九年后，迁升做了齐相，大将军梁冀表奏他做长史。等到梁冀诬奏太尉李固，吴祐闻知这事，便请见，和梁冀力争，梁冀不听。当时扶风人马融也在坐中，为梁冀起了奏章的草稿，吴祐于是对马融道：“李公的罪是你一手促成。李公如果被诛，你有什么面目见天下人呢？”梁冀发怒，立起来，走入室中，吴祐也不辞而去。梁冀便把吴祐调出，让他做河间相。吴祐于是自请免官回家，不再做官，亲自浇灌园中的蔬菜，用经书教授学生。年九十八卒。

长子名凤，官至乐浪太守；少子名恺，官至新息令，凤的儿子名冯，官至了鲖阳侯的相，都有名于当世。

范滂传

范滂传

鼓义激行，立廉尚耻，幽深牢破室而不顾，伏死而母叹其义，可谓壮矣！蔚宗详陈其事，前后映带，遒炼警挚，洵足追踪汉魏，非五代人所能学步。

范滂字孟博，汝南征羌[1]人也。少厉清节，为州里所服，举孝廉、光禄四行[2]。时冀州饥荒，盗贼群起，乃以滂为清诏[3]使，按察之。滂登车揽辔，慨然有澄清天下之志。乃至州境，守令自知臧污，望风解印绶去。其所举奏，莫不厌塞众议。迁光禄勋[4]主事[5]。时，陈蕃为光禄勋，滂执公仪[6]诣蕃，蕃不止[7]之，滂怀恨，投版[8]弃官而去。郭林宗闻而让蕃曰："若范孟博者，岂宜以公礼[9]格[10]之？今成其去就之名，得无自取不优之议[11]也？"蕃乃谢焉。

复为太尉黄琼所辟。后诏三府掾属举谣言[12]，滂奏刺史、二千石权豪之党二十余人。尚书责滂所劾猥多，疑有私故。滂对曰："臣之所举，自非叨[13]秽奸暴，深为民害，岂以污简札哉！间以会日[14]迫促，故先举所急，其未审者，方更参实。臣闻农夫去草，嘉谷必茂；忠臣除奸，王道以清。若臣言有贰，甘受显戮。"吏不能诘。滂睹时方艰，知意不行，因投劾去[15]。

太守宗资[16]先闻其名，请署功曹，委任政事。滂在职，严整疾恶。其有行违孝悌，不轨仁义者，皆埽迹斥逐，不与共朝。显荐异节，抽拔幽陋。滂外甥西平[17]李颂，公族子孙，而为乡曲所弃，中常侍唐衡[18]以颂请资，资用为吏。滂以非其人，寝而不召。资迁怒，捶书佐朱零[19]。

雩仰曰："范滂清裁[20]，犹以利刃齿腐朽。今日宁受笞死，而滂不可违。"资乃止。郡中中人以下，莫不归怨，乃指滂之所用以为"范党"。

后牢修诬言钩[21]党，滂坐系黄门北寺狱。狱吏谓曰："凡坐系皆祭皋陶。"滂曰："皋陶[22]贤者，古之直臣。知滂无罪，将理之于帝[23]；如其有罪，祭之何益！"众人由此亦止。狱吏将加掠考，滂以同囚多婴病，乃请先就格[24]，遂与同郡袁忠[25]争受楚毒。桓帝使中常侍王甫[26]以次辨诘，滂等皆三木囊头[27]，暴于阶下，余人在前，或对或否，滂、忠于后越次而进。王甫诘曰："君为人臣，不惟[28]忠国，而共造部党，自相褒举，评论朝廷，虚构无端，诸所谋结，并欲何为？皆以情对，不得隐饰。"滂对曰："臣闻仲尼之言，'见善如不及，见恶如探汤[29]'。欲使善善同其清，恶恶同其污，谓王政之所愿闻，不悟更以为党。"甫曰："卿更相拔举，迭为唇齿，有不合者，见则排斥，其意如何？"滂乃慷慨仰天曰："古之循[30]善，自求多福；今之循善，身陷大戮。身死之日，愿埋滂于首阳山侧，上不负皇天，下不愧夷、齐。"甫愍然为之改容。乃得并解桎梏。

滂后事释，南归。始发京师，汝南、南阳士大夫迎之者数千两[31]。同囚乡人殷陶[32]、黄穆[33]，亦免俱归，并卫侍于滂，应对宾客。滂顾谓陶等曰："今子相随，是重吾祸也。"遂遁还乡里。

初，滂等系狱，尚书霍谞[34]理之。及得免，到京师，往候谞而不为谢。或有让滂者。对曰："昔叔向婴罪[35]，祁奚救之，未闻羊舌有谢恩之辞，祁老有自伐之色。"竟无所言。

建宁[36]二年，遂大诛党人，诏下急捕滂等。督邮吴导至县，抱诏书，闭传舍[37]，伏床而泣。滂闻之，曰："必为我也。"即自诣狱。县令郭揖大惊，出解印绶，引与俱亡。曰："天下大矣，子何为在此？"滂曰："滂死则祸塞，何敢以罪累君，又令老母流离乎！"其母就与之诀。滂白母曰："仲博孝敬，足以供养，滂从龙舒君[38]归黄泉，存亡各得其所。惟大人割不可忍之恩，勿增感戚。"母曰："汝今得与李、杜[39]齐名，死亦何恨！既有令名，复求寿考，可兼得乎？"滂跪受教，再拜而辞。顾谓其子曰："吾欲使汝为恶，则恶不可为；使汝为善，则我不为恶。"行路闻之，莫不流涕。时年三十三。

——节《党锢列传》

[1]征羌：即汉时当乡县，故城在今河南郾城县东南。[2]光禄四行：见上首注一九。[3]清诏：汉公卿府之属员承诏使各州郡以司案察。[4]光禄勋：官名，卿职。[5]主事：掾属，属光禄勋。[6]公仪：普通参见之仪节。[7]不止：不特加优礼也。[8]版：所以署职官姓氏，持以上谒者。[9]公礼：普通之礼节也。[10]格：正也。[11]不优之议：不优容之讥议。[12]举谣言：三公听採长史臧否人所疾苦，还条奏之，是谓举谣言。[13]叨：贪也。[14]会日：三府掾属会于朝堂之日。[15]投劾去：投章自劾，弃官而去也。[16]宗资：安众人，字叔都，举孝廉。延熹中为汝南太守，辟范滂为功曹，政事悉委任之。[17]西平：县名，今属河南省。[18]唐衡：郾人，桓帝初为小黄门史，以举单超等诛梁冀，迁中常侍，封汝阳侯。天下谓衡为唐两堕。[19]朱零：汝南征羌人，为人正直。[20]清裁：清峻之丰裁。[21]钩：引也。[22]皋陶：尧舜时臣，为狱官。[23]帝：谓天也。[24]格：榜床也。[25]袁忠：闳弟，字正节，与同郡范滂为友。初平中为沛相，乘韦车到官，以清亮称。后弃官避地上虞，献帝征为卫尉，未至卒。[26]王甫：灵帝时为黄门令，与曹节谋杀陈蕃、窦武，迁中常侍。又与节诬渤海王悝谋反，杀之，封冠军侯。后司隶校尉阳球奏劾其罪，死狱中。[27]囊头：项及手足皆有械，更以物蒙头也。[28]惟：思也。[29]见善如不及，见恶如探汤：二

语见《论语》。［30］循：循当作修。下同。［31］两：车也。［32］殷陶：字仲才。［33］黄穆：字子敬。［34］霍谞：邺人，字叔智，少明经。以救舅宋光狱显名，举孝廉，稍迁金城太守。性明达笃厚，能以恩信化诱殊俗。梁冀诛，桓帝嘉其忠，封邺都亭侯，累迁少府，廷尉卒。［35］叔向婴罪:《左传》：晋讨栾盈之党，杀向之弟羊舌虎，并囚叔向。于是祁奚闻之，见范宣子曰："夫谋而鲜过，惠训不倦者，叔向有焉。社稷之固也，犹将十世宥之。今一不免其身，不亦惑乎？"宣子说而免之。祁奚不见叔向而归，叔向亦不告焉而朝。叔向羊舌肸字。自功曰伐。［36］建宁：灵帝年号。［37］传舍:驿舍也。［38］龙舒君:滂父显，故龙舒侯相也。［39］李、杜:即李膺、杜密。

范滂字孟博，汝南征羌人。年少时，磨炼成清高的品节，为州里推崇，举了孝廉、光禄四行。当时冀州饥荒，盗贼蜂起，朝廷就派范滂做了清诏使，查察冀州。范滂登上车子，揽起缰绳，意气豪迈，有廓清天下的志向。他刚到冀州境，守令知道自己贪污枉法，一听见风声，便解印绶而去。范滂所选举奏用的，没有一个不是众议所赞同的。后升任光禄勋主事。当时陈蕃做光禄勋，范滂执公仪去见陈蕃，陈蕃不留止他。范滂怀恨，投笏弃官而去。郭林宗听到这事，就去责备陈蕃道："像范孟博这样的人，难道是可以用干公事的仪节来要求他的吗？如今反而成全了他为人清高辞官不做的名声，你这不是自找不好的讥议吗？"陈蕃于是去向范滂谢过。

后来范滂再被太尉黄琼荐举。有诏令三府掾属条奏官吏的好否和民间的疾苦。范滂奏刺史、二千石权豪之党共二十多人。尚书责备范滂劾奏得太多，疑心他挟有私仇。范滂答道："臣所举的如不是贪污奸暴，深为民害，难道是为了脏污简札吗？现在只因为日期局促，所以先举最要紧的，还有不知道他底细的，要再去查考他的事实呢！臣听说农夫割去草，嘉谷才能茂盛，忠臣除掉了奸邪，政治才会清明。如果臣的话，有了旁的念头，情愿受戮。”官吏不能诘责他。范滂看时势正是艰难，知道自己的意见不能被采纳，于是投了自劾的奏书，丢掉官职。

太守宗资早已听得范滂的名望，请他做功曹，委以政事。范滂在职时，严厉整肃，疾恶如仇，对那些行为违背孝悌，不合仁义的人，都把他们的足迹扫除干净，斥责后赶走，不肯与他们共事。着意表荐那些有特别节操的人，选拔那些被埋没的人。范滂的外甥西平人李颂，是公族的子孙，被乡里遗弃，中常侍唐衡请宗资选用，宗资便用他做吏。范滂认为用得不合宜，就搁置不用。宗资迁怒他人，鞭笞书佐朱零。朱零仰天叹道："范滂清明的裁断，如用快刃斩腐朽，今天宁愿受笞而死，范滂的话不可违拗！"宗资才没有打了。郡中的平庸之人，没有不因这个事怨恨范滂的，于是指范滂所用的人为"范党"。

后来牢修诬陷党人，范滂受到牵连被关进黄门北寺狱。狱吏对他道："凡是坐牢狱的都要祭祀皋陶。"范滂道："皋陶是个贤人，是古时的直臣，他如果知道范滂没有罪，就要到老天那里去申诉；如果有罪，祭祀他又有什么用呢？"众人从此也不祭祀了。狱吏将要掠打囚徒，范滂因为同囚的多生了疾病，要求先打他，于是就和同郡人袁忠争着要先受毒打。桓帝派中常侍王甫依次审问他们，范滂等都加了三道木架，更用布蒙着头，排在阶下。其他的人在前，有的答，有的不答，范滂和袁忠就从后面跳过次序进去。王甫诘问道："你做为人臣，不对国家尽忠，却共同结党，自相褒扬，自相选举，评论朝廷的时政，无端造谣生事，各种谋划交结，想要做什么？都要据情实对，不得隐瞒掩饰。"范滂答道："臣闻知仲尼的言语，'看见好的，接近惟恐来不及；看见恶的，要像手探进热汤中赶快避开'。臣想叫好的人同为清流，恶的人同归污贱，以为这是王政所愿意听的，没想到反而认为是朋党。”王甫道：“卿等互相举拔，唇齿相依，有不合你们意的人，看见就排斥，这是什么意思？”范滂便慷慨仰天道：“从前行善的人，能自己多求福德；如今行善的人，反而身陷大戮。处死的那天，希望把范滂埋在首阳山旁，上不负皇天，下不愧对伯夷、叔齐。”王甫听了这话，心生怜悯，为之动容。于是把这些囚犯的桎梏全都解除了。

范滂后来释放出来，要回南方去。从京师出发的时候，汝南、南阳的士大夫来给他送行的车子有几千辆。同囚的乡人殷陶、黄穆也免罪一同回家，保护在范滂的旁边，应对那些宾客。范滂回头看着对殷陶等道：“如今你等跟随，是加重我的灾祸呀。”于是就悄悄地返回到乡里。

当初，范滂等关在狱中，尚书霍谞曾替他们申辩。等到免了罪来到京师，范滂去拜访谞，却并不道谢。有人责备范滂。范滂答道：“从前叔向犯了罪，祁奚救他，没有听说羊舌大夫有谢恩的言语、祁老有自夸的表情。”始终也没有说谢恩的话。

建宁二年，大诛党人，下诏急捕范滂等。督邮吴导到了县中，抱着诏书，把自己关在传舍内，伏在床上哭。范滂听得这事道：“这一定是因为我啊！”就自己立即来到狱中。县令郭揖大惊，出去解掉印绶，要与范滂一同逃走，而且对他道：“天下很大，你为什么留在这里呢？”范滂道：“滂死了，祸患便止了，怎敢因罪连累你，又令老母流离呢？”他的母亲来到狱中，和范滂诀别。范滂告诉母亲道：“弟弟仲博很孝敬，足以供养大人，滂随父亲龙舒君归黄泉去了，生者和死者各得其所。只希望大人割断骨肉之情，不要再添悲伤。”他母亲道：“你如今得以和李、杜齐名，就是死了又有什么遗憾呢！既然已经有了美名，又求长寿，那怎么可以兼得呢？”范滂跪着接受母亲的教诲，再拜而别。范滂又回过头对他儿子道：“我想让你作恶，但恶事不应该做；想要让你行善，但我就是不作恶的下场！”行人听到这话，没有不流泪的。这时他还只有三十三岁。

张俭传

张俭传

昔季布逃亡，朱家甘受其罪。张俭委爵，为破族屠身者数十百家，岂不贤哉？范文叙述简洁，朴茂中有雄逸气，足以高视汉魏。

张俭字元节，山阳高平[1]人，赵王张耳[2]之后也。父成，江夏[3]太守，俭初举茂才，以刺史非其人，谢病不起。

延熹八年，太守翟超请为东部督邮。时中常侍侯览[4]家在防东[5]，残暴百姓，所为不轨。俭举劾览及其母罪恶，请诛之。览遏绝章表，并不通，由是结仇。览等乡人朱并[6]，素性佞邪，为俭所弃，并怀怨恚，遂上书告俭与同郡二十四人为党，于是刊章[7]讨捕。俭得亡命，困迫遁走，望门投止，莫不重其名行，破家相容。复流转东莱[8]，止李笃家。外黄令毛钦操兵到门，笃引钦谓曰："张俭知名天下，而亡非其罪。纵俭可得，宁忍执之乎？"钦因起抚笃曰："蘧伯玉[9]耻独为君子，足下如何自专仁义？"笃曰："笃虽好义，明廷[10]今日载其半[11]矣。"钦叹息而去。笃因缘送俭出塞，以故得免。其所经历，伏重诛者以十数，宗亲并殄灭，郡县为之残破。

中平元年，党事解，乃还乡里。大将军、三公并辟，又举敦朴，公车特征，起家拜少府，皆不就。献帝初，百姓饥荒，而俭资计差温，乃倾竭财产，与邑里共之，赖其存者以百数。

建安初，征为卫尉，不得已而起。俭见曹氏世德已萌，乃阖门悬车，不豫政事。岁余卒于许下[12]。年八十四。

——节《党锢列传》

［1］高平：即今山西高平县。［2］张耳：大梁人，高祖立为赵王。［3］江夏：郡名，在今湖北黄冈县西北。［4］侯览：参弟，桓帝初为中常侍，以佞猾进，依势贪放，受纳货遗，累封高乡侯。张俭奏其罪恶，诬以钩党夷灭之。熹平初为有司举奏，自杀。［5］防东：县名，属山阳郡，故城在今山东金乡县南。［6］朱并：山阳人，承望中常侍侯览意旨，告张俭与同乡二十四人别相署号，共为部党，图为社稷。［7］刊章：刊削也，谓削去告人姓名也。［8］东莱：郡名，今山东旧登州、莱州之地。［9］蘧伯玉：春秋卫大夫，名瑗，以字行。年五十而知四十九年之非，不肯冥冥堕行，当世称贤大夫。［10］明廷：犹言明府也。［11］今日载其半：谓不执张俭，得义之半也。［12］许下：即许昌，故城在今县城西南。

张俭字元节，山阳高平人，赵王张耳的后裔。他父亲名成，做过江夏太守。张俭初举茂才时，认为刺史不得其人，就推托有病不肯出去做事。

延熹八年，太守翟超请他做东部督邮。当时，中常侍侯览家住在防东，残害百姓，尽做些违法之事。张俭便参奏弹劾侯览和他母亲的罪恶，请皇上杀了他们。侯览扣压了弹劾他的奏章，不通报上去，从此结了仇。乡人朱并本性奸佞邪僻，张俭很讨厌他，于是他怀了怨怒，就上书告张俭和同郡二十四人结了朋党。于是发下删去告发人姓名的捕人文书搜捕他们。张俭得到消息，就逃亡了，一路艰难窘迫，只要望着是人家，就投奔进去借宿，没有一家不看重他的名誉品行，情愿破家相留。后来流离转徙到东莱郡，住在李笃家中，外黄令毛钦领兵到他家。李笃对毛钦道："张俭天下知名，出亡并不是他的罪过，就是张俭可抓到，你难道忍心把他捉了吗？"毛钦于是就站起来，抚着李笃道："昔蘧伯玉以独做君子为耻，足下为什么独占仁义呢？”李笃道：“笃虽然好义，但你今天释放了张俭，便也分去一半了。”毛钦叹息而去。李笃于是就送张俭逃到边塞，从此方得免罪。凡他所经过住宿的人家，后来伏重诛的有十几家，宗族亲戚都被诛灭，郡县都因他残破。

中平元年，朋党事不追究了，张俭方才还乡。大将军、三公等都保荐他，又举了敦朴科，以公车特别请他，起用拜少府，他都不就。献帝初年，百姓饥荒，张俭家资稍多，就把财产全部分给了邻里乡党，靠他救活的不下几百家。

建安初年，召他做卫尉，不得已方才允应。但张俭见曹氏已生了邪心，就关上门，悬起车子，不参与政事了。过了一年多，在许下去世。年八十四岁。

郭太传

郭太传

林宗逊言危行，恂恂善导，虽孟、墨之徒，不能远过。文笔劲峭，辞句精简，足称其人。

郭太[1]字林宗，太原介休[2]人也。家世贫贱。早孤，母欲使给事县廷。林宗曰："大丈夫焉能处斗筲之役乎？"遂辞。就成皋[3]屈伯彦学，三年业毕，博通坟籍。善谈论，美音制。乃游于洛阳。始见河南尹李膺[4]，膺大奇之，遂相友善，于是名震京师。后归乡里，衣冠诸儒送至河上，车数千两。林宗唯与李膺同舟而济，众宾望之，以为神仙焉。

司徒黄琼辟，太常赵典[5]举有道。或劝林宗仕进者，对曰："吾夜观乾象[6]，昼察人事，天之所废，不可支[7]也。"遂并不应。性明知人，好奖训士类。身长八尺，容貌魁伟，褒衣博带，周游郡国。尝于陈梁间行，遇雨，巾[8]一角垫，时人乃故折巾一角，以为"林宗巾"。其见慕皆如此[9]。或问汝南范滂曰："郭林宗何如人？"滂曰："隐不违亲[10]，贞不绝俗[11]，天子不得臣，诸侯不得友，吾不知其它。"后遭母忧，有至孝称。林宗虽善人伦[12]，而不为危言核论[13]，故宦官擅政而不能伤也。及党事起，知名之士多被其害，唯林宗及汝南袁闳得免焉。遂闭门教授，子弟以千数。

建宁元年，太傅陈蕃、大将军窦武为阉人所害，林宗哭之于野，恸。既而叹曰："'人之云亡，邦国殄瘁[14]'。'瞻乌爰止，不知于谁之屋'

耳。[15]”

明年春，卒于家，时年四十二。四方之士千余人，皆来会葬。同志者乃共刻石立碑，蔡邕[16]为文，既而谓涿郡卢植[17]曰：“吾为碑铭多矣，皆有惭德，唯郭有道无愧色耳。”

其奖拔士人，皆如所鉴。后之好事，或附益增张，故多华辞不经，又类卜相之书。今录其章章[18]效于事者。著之篇末。

——节《郭符许列传》

[1]郭太：著者范晔之父名泰，故改为此太。 [2]介休：县名，属今山西旧汾州府。 [3]成皋：县名，即今河南汜水县。 [4]李膺：襄城人，字元礼，桓帝时为司隶校尉，以事杀张让弟，诸黄门常侍皆鞠躬屏气，休沐不敢复出宫门。时朝廷日乱，纲纪颓弛，膺独持风裁，以声名自高。士有被其容接者，名为登龙门。后宦者坐以党事免官。灵帝时复列于朝，与窦武谋诛宦官，未成被杀。 [5]赵典：戒子，字仲经，桓帝时为大鸿胪，迁太常，以谏争违旨免官，再迁卫尉。公卿表典笃学博闻，宜备国师。会病卒，谥献。典笃行博学，与李膺齐名，列于八俊。 [6]乾象：天象也。 [7]支：犹持也。 [8]巾：以葛为之，本居士野人所服。后国子学生服者，以白纱为之。 [9]其见慕皆如此：《泰别传》曰：泰名显，士争归之，载刺常盈车。[10]隐不违亲：如介子推。 [11]贞不绝俗：如柳下惠辈。 [12]伦：类也。[13]危言核论：《论语》：孔子曰：“邦有道，危言危行；邦无道，危行言逊。”核，犹实也。 [14]人之云亡，邦国殄瘁：《诗·大雅》之词。[15]“瞻乌爰止，不知于谁之屋”句：《诗·小雅》也。言不知王业当何所归。[16]蔡邕：圉人，字伯喈，性至孝，三世同居。少博学，好辞章数术天文，妙操音律，善鼓琴。历迁议郎，后死狱中。有《独断》及《蔡中郎集》。[17]卢植：涿人，字子干，少事马融，通古今学。融左右多列美姬，植侍

讲未尝顾盼，融甚敬之。学终，辞归教授。性刚毅，有大节，常怀济世志。建宁中征为博士，累迁尚书。黄巾贼起，拜植北中郎将，破贼帅张角。时董卓凌虐朝廷，议欲废立，众皆唯唯，植独抗谕。卓将杀之，彭伯谏乃止，免植官。隐于上谷以终。［18］章章：犹昭昭也。

郭太字林宗，太原介休人，家中世代贫贱。父亲死得早，母亲想让他在县廷中担些事务。郭林宗道："大丈夫怎可做这种贱役呢？"就辞掉不去。后到成皋屈伯彦处求学。三年毕业，博通古书经籍。善于谈论，口若悬河，长于诵读，声调美妙。于是就去洛阳游学。初次见到河南尹李膺，李膺非常惊讶于他的才能，于是和他结为好友，因此，他的名声震动京师。后来要回乡里，衣冠诸儒直送他到黄河边，车子有几千辆。郭林宗却只和李膺同坐一船，摆渡过去。众宾客望见他们，如神仙一般。

司徒黄琼请他做太常，赵典举他有道科。有人劝郭林宗仕进，郭林宗答道："我夜观天象，昼察人事，天道要废弃的，是不可支撑的。"就都没有答应。郭林宗天性明慧，识得人的善恶，喜欢奖励文人、士大夫。身长八尺，容貌魁伟，宽衣博带，周游郡国。曾经在陈、梁间散步时碰着下雨，就把所戴的头巾折了一只角垫起来，当时的人就故意折了头巾一角，名叫"林宗巾"。他就是这样的被人所追慕。有人问汝南范滂道："郭林宗是什么人？"范滂答道："他隐居像介子推一样，不违反母亲的意旨，出仕像柳下惠一样，贞忠而不矫情绝俗，天子不得把他当臣，诸侯不得和他交友，其他的我就不知道了。"后郭林宗母亲去世，有至孝的名声。他虽然善于评人高下，却不作危言笃论，所以宦官专权后也不能伤害他。等到朋党事起，有名的士人都受其害，只有郭林宗和汝南的袁闳得免祸患。于是关门教授，弟子有一千多人。

建宁元年，太傅陈蕃、大将军窦武被太监谋害了，郭林宗在野外哭泣，非常哀痛。他既而叹道:“人死了,国家也要亡了,将来的王业不知归在谁家呀?”

第二年春天,他在家中去世,时年四十二岁。四方之士一千多人来送葬。同志者给他刻石立碑,蔡邕写了碑文,后来对涿郡卢植道:“我撰写的碑铭多了,但都不免有难为情不相称的,只有郭有道没有愧色啊!”

郭林宗奖拔的士人都如他评定的。后世好事的人,或者添些事,附会到他身上去,多了一些华而不实和怪诞不稽之词,像占卜相面的书。如今只录他明明白白的、实有其事的事例,写到篇尾。

孔融幼慧

孔融幼慧

文举性情正直，气严志高，懔懔皓皓，足与琨玉秋霜比质，有孔父义形于色之概。范史叙其性情旨趣，屈曲有姿，不愧良工。只此篇首数事，已大有头角峥嵘之概。

孔融字文举，鲁国人，孔子二十世孙也。七世祖霸[1]，为元帝师，位至侍中。父伷，太山都尉。

融幼有异才[2]。年十岁，随父诣京师。时河南尹李膺[3]以简重自居，不妄接士宾客，敕外自非当世名人及与通家，皆不得白。融欲观其人，故造膺门。语门者曰："我是李君通家子弟。"门者言之。膺请融，问曰："高明祖父尝与仆有恩旧乎？"融曰："然。先君孔子与君先人李老君同德比义，而相师友[4]，则融与君累世通家。"众坐莫不叹息。太中大夫陈炜后至，坐中以告炜。炜曰："夫人小而聪了，大未必奇。"融应声曰："观君所言，将不早慧乎？"膺大笑曰："高明必为伟器。"

年十三，丧父，哀悴过毁，扶而后起，州里归其孝。性好学，博涉多该览。

山阳张俭为中常侍侯览所怨，览为刊章下州郡，以名捕俭。俭与融兄褒[5]有旧，亡抵于褒，不遇。时融年十六，俭少之而不告。融见其有窘色，谓曰："兄虽在外，吾独不能为君主邪？"因留舍之。后事泄，国相以下，密就掩捕，俭得脱走，遂并收褒、融送狱。二人未知所坐。融曰："保纳舍藏者，融也，当坐之。"褒曰："彼来求我，非弟之过，请甘其罪。"吏问其母，母曰："家事任长，妾当其辜。"一门争死，郡县疑不能决，乃上谳[6]之。诏书竟坐褒焉。融由是显名。

——节《郑孔荀列传》

［1］七世祖霸：字次儒，延年子，治《尚书》，事太傅夏侯胜，昭帝时为博士。宣帝时拜大中大夫，授皇太子经，迁詹事，为高密相。元帝即位，拜太师，赐爵关内侯，号褒成君。为人谦退，不好权势，三让相位，帝以是敬之。卒谥烈。［2］融幼有异才：融家传曰：兄弟七人，融第六，幼有自然之性。年四岁，时每与诸兄共食梨，辄引小者。大人问其故，答曰："我小儿法当取小者。"由是宗族奇之。［3］膺：颍川襄城人。融家传曰：闻汉中李清节直亮，意慕之，遂告公门。［4］"先君孔子与君先人李老君同德比义，而相师友"句：《家语》：孔子谓南宫敬叔曰："吾闻老聃博古而通今，达礼乐之源，明道德之归，即吾之师也，今将往矣。"遂至周问礼于老聃焉。［5］褒：字文礼。［6］谳：请也。

孔融字文举，鲁国人，是孔子的第二十世孙。他七世祖叫霸，为元帝师，官至侍中。父亲叫伷，做过太山都尉。

孔融年幼时便有奇才，十岁，随父亲到京师去。那时河南尹李膺以庄严持重自处，不随便接待士人和宾客，吩咐守门人，凡不是当世的名人及世交，都不得传报。孔融想看看他是怎样的人，特意前往李膺门口，告诉守门人道："我是李君的世交子弟。"守门人就进去通告。李膺请孔融进去，问道："你的先辈曾经与我有恩情故谊吗？"孔融答道："是的，先君孔子和君的先人李老君，同有德行，并有仁义，相为师友，那么融与君就是世代有交谊之家的人了。"众人听了这话，在坐的人没一个不赞叹的。太中大夫陈炜后到，坐中人就把这话告诉了陈炜。陈炜道："凡是从小聪明的人，长大后未必一定奇异。"孔融应声道："听君所说，必定从小是不聪明的吧？"李膺大笑道："你定会成为堪任大事的人。"

孔融十三岁时，丧父，哀痛过分，憔悴不堪，需要人扶了才可站起，州里都称他孝顺。孔融性喜求学，博览群书。

山阳人张俭为中常侍侯览所恨，侯览把隐匿了告人姓名的捕人文书发下州郡，捉捕张俭。张俭和孔融的哥哥孔褒是交好，逃亡到孔褒家中，恰值他不在家。当时孔融只有十六岁，张俭以为他年轻，就没有告诉他。孔融见他窘迫的样子，便对他道："兄长虽然外出，我难道不能为君做东道主吗？"于是就留他住在家中。后来事情败露了，国相以下都秘密前来捕捉，张俭幸得逃出，于是就逮捕了孔褒、孔融兄弟两人，送入狱中，但不能决定两人中那个应当获罪。孔融道："保护收留的人是我，应当我获罪。"孔褒道："他是来找我的，不是我弟弟的错处，请治我的罪。"官吏问他的母亲，母亲道："家事要年长的承担，妾因当获罪。"一门争着死，郡县疑惑不决，就上书请示。诏书下来，最后定了孔褒的罪。孔融从此名声显扬。

孔融答曹操书

孔融答曹操书

曹瞒忍于除天下之望，假手郗虑，而又作书以调和其间，真所谓借手杀人而已，反涕泣安慰之，何其诈也。北海心知其意，但自引咎，不与相争，自处颇高，文亦开晋人尺牍先声。

猥[1]惠书教，告所不逮。融与鸿豫[2]州里比邻，知之最早。虽尝陈其功美，欲以厚于见私，信于为国，不求其覆过掩恶，有罪望不坐也。前者黜退，欢欣受之。昔赵宣子朝登韩厥，夕被其戮，喜而求贺[3]。况无彼人之功，而敢枉当官之平哉！忠非三闾[4]，智非晁错[5]，窃位为过，免罪为幸。乃使余论远闻，所以惭惧。朱、彭、寇、贾[6]，为世壮士，爱恶相攻，能为国忧。至于轻弱薄劣，犹昆虫之相啮，适足还害其身，诚无所至也。晋侯嘉其臣所争者大，而师旷以为不如心竞[7]。性既迟缓，与人无伤，虽出胯下之负[8]，榆次之辱[9]，不知贬毁之于己，犹蚊虻之过[10]也。子产谓人心不相似[11]，或矜势者，欲以取胜为荣，不念宋人待四海之客，大炉不欲令酒酸[12]也。至于屈縠巨瓠，坚而无窍[13]，当以无用罪之耳。它者奉尊严教，不敢失坠。郗为故吏，融所推进。赵衰之拔郤縠[14]，不轻公叔之升臣[15]也。知同其爱，训诲发中。虽懿伯之忌[16]，犹不得念，况恃旧交，而欲自外于贤吏哉！辄布腹心，修好如初。苦言至意，终身诵之。

——节《郑孔荀列传》

[1] 猥：曲也。 [2] 鸿豫：郗虑字，高平人，少受学于郑玄，又明司马法，官光禄勋。与少府孔融不睦，承望曹操风旨，以微法奏免融官，构成其罪。官终御史大夫。 [3]“首赵宣子朝登韩厥”句：宣子言韩厥于灵公，以为司马曲河之役。赵宣子使人以其乘车子行，韩厥执而戮之。众咸曰：“韩厥必不没矣。其主朝升之，而暮戮其车，其谁安之？”宣子召而礼之，谓诸大夫曰：“二三子可以贺我矣，吾举厥也中，吾乃今知免于罪矣。”宣子即赵盾。 [4] 三闾：屈原也，掌王族三姓昭屈景，故曰三闾大夫。 [5] 晁错：汉颍川人，时号智囊。 [6] 朱、彭、寇、贾：朱即朱浮，字叔元，与渔阳太守彭宠有隙。彭宠字伯通。寇即寇恂，字子翼。贾即贾复，字君文。贾复部将杀人，恂戮之于市，复以为耻，恂效蔺廉故事避之。一日召见，复先在，光武帝为两解之。 [7] 师旷以为不如心竞：《左传》：襄公二十六年，秦伯之弟针如晋修成，叔向命召行人子员。行人子朱曰：“朱也当御。”三云，叔向不应。子朱怒曰：“班爵同，何以黜朱于朝？”抚剑从之。叔向曰：“秦晋不和久矣。今日之事，幸而集，晋国赖之；不集，三军暴骨。子员道二国之言无私，子常易之。奸以事君者，吾所能御也。”拂衣从之。人救之。平公曰：“晋其庶乎！吾臣之所争者大。”师旷曰：“公室惧卑。臣不心竞而力争，不务德而争善，私欲已侈，能无卑乎？” [8] 胯下之负：韩信少贫贱，淮阴少年侮之，令信出胯下。 [9] 榆次之辱：荆轲尝游榆次，与盖聂论剑，盖聂怒而目之，荆轲出去。 [10] 蚊虻之过：蚊虻暂时飞过，未以为害。 [11] 子产谓人心不相似：《左传》：子产谓子皮曰：“人心不同，其如面焉。吾岂敢谓子面如吾面乎？” [12] 大炉不欲令酒酸：炉，累土为之，以居酒瓮者。宋人有沽酒者，斗概甚平，遇客甚谨，为酒甚美，而酒不售，酒多酸者。怪其故，问所知闾长者杨倩二人。曰：“汝狗猛耶？”曰：“狗猛何故不售？”曰：“人畏焉。令孺子怀钱挈壶往沽，狗逆龁之，酒所以酸而不售。” [13] 屈穀巨瓠，坚而无窍：齐有处士田仲，宋人屈穀往见之，曰：“穀闻先

生之义，不待仰人而食。今縠有树瓠之法，坚如石，厚而无窍，愿献先生。”田仲曰：“夫子徒谓我也，今仲不待仰人而食，亦无益人国，亦坚瓠之类。”［14］赵衰之拔郤縠：晋文公谋元帅，赵衰曰：“郤縠可。”乃使郤縠将中军。［15］公叔之升臣：公叔文子，卫大夫。其家臣名僎，与文子同升之于公，与之并为大夫。［16］懿伯之忌：滕成公之丧，使子叔敬叔吊，子服惠伯为介。及郊，为懿伯之忌不入。惠伯曰：“政也，不可以叔父之私不将公事。”遂入。懿伯，惠伯之叔父。忌，怨也。

蒙来信赐教，告诉我所不及的地方。融与鸿豫的州里既相邻，很早就知道他。虽然曾经说过他的功业美好，不过想使他多看到自己的不足，忠信为国，并不是求他隐过掩恶，有了罪就想不受处罚呀！前次被你黜退，我欣然接受。从前，赵宣子早晨荐了韩厥，韩厥晚上就杀了他的车夫，宣子却高兴地要别人向他道贺。况且我没有韩厥的功业，怎敢枉屈当官人的公平心呢？忠心不像三闾大夫，聪明不像晁错，窃取名位是过失，免掉罪过是幸运。而竟使一些多余的议论，让你得知，这是我引为惭愧恐惧的啊！朱浮、彭宠、寇恂、贾复都是当世的壮士，他们因为好恶不同，互相攻击，但能为国分忧。至于像我这一类弱小低劣的人，真好像是互相咬着的昆虫，恰恰害了自己，没有别的什么。晋侯嘉奖他的臣子为大事相争，师旷却认为还不如争着尽忠心的好。我性情迟缓，与人无伤，那怕像韩信爬出胯下，荆轲在榆次受辱，也并不觉得有坏名声到我身上，真好像蚊虻偶然飞过一般，没有什么碍事的。子产说人心各不相同。或者自夸威势的人，定要把胜过他人算作荣耀，他们没有想宋人待四海之客，用大酒炉并不是要使酒酸。至于屈縠所说的巨瓠，坚硬无窍，应当处以无用之罪啊！其他当谨遵严教，不敢有失。郗虑以前做官，是我推荐进来的。从前赵衰荐拔了郤縠，也不看轻公叔文子的家臣。知道你我都是爱护他的，所有训诲都是发于内心。那怕我有了懿伯的怨恨，还不得想念他，何况又是旧交，难道要自己远离贤吏吗？斗胆向你说出心里话，我和他将和好如初。你的苦口婆心，我是终身要记诵的。

范式传

范式传

范巨卿急人之急，虽生死异路，犹不肯失信，诚古之善士。蔚宗历叙各事，错综变化，无一笔冗沓，而又随处涌现，如万斛泉源，洵可谓灵活清矫。

范式，字巨卿，山阳[1]金乡[2]人也，一名汜。少游太学，为诸生，与汝南张劭，字元伯。二人并告归乡里。式谓元伯曰："后二年当还，将过拜尊亲，见孺子[3]焉。"乃共克期日[4]。后期方至，元伯具以白母，请设馔以候之。母曰："二年之别，千里结言，尔何相信之审邪？"对曰："巨卿信士，必不乖[5]违。"母曰："若然，当为尔醞[6]酒。"至其日，巨卿果到，升堂拜饮，尽欢而别。

式仕为郡功曹。后元伯寝疾笃，同郡郅君章[7]、殷子征晨夜省视之。元伯临尽，叹曰："恨不见吾死友！"子征曰："吾与君章尽心于子，是非死友，复欲谁求？"元伯曰："若二子者，吾生友耳。山阳范巨卿，所谓死友也。"寻而卒。式忽梦见元伯玄冕[8]垂缨屣履而呼曰："巨卿，吾以某日死，当以尔时葬，永归黄泉。子未我忘，岂能相及？"式怳然觉寤，悲叹泣下，具告太守，请往奔丧。太守虽心不信而重违[9]其情，许之。式便服朋友之服[10]，投[11]其葬日，驰往赴之。式未及到，而丧已发引[12]，既至圹，将窆[13]，而柩不肯进。其母抚之曰："元伯，岂有望耶？"遂停柩移时，乃见有素车白马，号哭而来。其母望之曰："是必范巨卿也。"巨卿既至，叩丧言曰："行矣元伯！死生路异，永从此辞。”会葬者千人，咸为挥涕。式因执绋[14]而引柩，于是乃前。式遂留止冢次，为修坟树，然后乃去。

后到京师，受业太学。时诸生长沙陈平子亦同在学，与式未相见，而平子被病将亡，谓其妻曰：“吾闻山阳范巨卿，烈士也，可以托死。吾殁后，但以尸埋巨卿户前。”乃裂素[15]为书，以遗巨卿。既终，妻从其言。时式出行适还，省书见瘗[16]，怆然感之，向坟揖哭，以为死友。乃营护平子妻儿，身自送丧于临湘[17]。未至四五里，乃委素书于柩上，哭别而去。其兄弟闻之，寻求不复见。长沙上计[18]掾史到京师，上书表式行状，三府并辟，不应。

举州茂才，四迁荆州刺史。友人南阳孔嵩[19]，家贫亲老，乃变姓名，佣为新野[20]县阿里街卒。式行部到新野，而县选嵩为导骑迎式。式见而识之，呼嵩，把臂谓曰：“子非孔仲山邪？”对之叹息，语及平生。曰：“昔与子俱曳长裾，游息帝学。吾蒙国恩，致位牧伯[21]，而子怀道隐身，处于卒伍，不亦惜乎！”嵩曰：“侯嬴[22]长守于贱业，晨门[23]肆志[24]于抱关[25]。子欲居九夷，不患其陋。贫者士之宜，岂为鄙哉！”式敕县代嵩，嵩以为先佣未竟，不肯去。

嵩在阿里，正身厉行，街中子弟，皆服其训化。遂辟公府。之京师，道宿下亭，盗共窃其马，寻问知其嵩也，乃相责让曰：“孔仲山善士，岂宜侵盗乎！”于是送马谢之。嵩官至南海[26]太守。

式后迁庐江[27]太守，有威名，卒于官。

——节《独行列传》

[1] 山阳：汉郡，属兖州。 [2] 金乡：县名，今属山东。 [3] 孺子：犹言稚子也。 [4] 克：必也。克期日，严定期日也。 [5] 乖：背也。[6] 醖：音愠，酿酒也。 [7] 郅君章：名恽，西平人，治《韩诗》《严氏春秋》，

明天文历数。举孝廉，为上东门侯。光武尝出猎夜归，恽拒关不纳，明日恽上书谏，赐布百匹。后授皇太子《韩诗》，侍讲殿中。迁长沙太守，坐事免归，避地教授以卒。［8］玄冕：礼冠也。［9］重违：不便违逆之也。［10］便服朋友之服：谓朋友有同道之恩，相为服缌之绖带。［11］投：适也。［12］引：引布所以挽柩车前进者。［13］窆：下棺也。［14］绋：引棺索。［15］素：白绢。［16］瘗：埋也。［17］临湘：县名，故城在今湖南长沙县南。［18］上计：汉制，郡国每岁遣吏如京师，进会计簿籍，谓之上计。［19］孔嵩：字仲山，隐居为街卒，正身厉行，街中子弟皆服其训化。遂辟公府，至京师，道宿下亭。盗共窃其马，闻知其嵩也，乃相责让，送马谢之。官至南海太守。［20］新野：即今河南新野县。［21］牧伯：州之长官也。［22］侯嬴：战国魏隐士，年七十，家贫，为大梁夷门监者。信陵君置酒大会，宾客尽至，驾车自迎侯生，引之上座。［23］晨门：孔子弟子仲由所遇之隐者。［24］肆志：谓得引其志。［25］抱关：守门也。［26］南海：郡名，广东旧广州、韶州、潮州、惠州、肇庆、南雄诸府州，及高州府北境、广西旧平乐府东境、梧州府东南境皆其地。［27］庐江：郡名，在今安徽庐江县西一百二十里。

范式字巨卿，山阳金乡人，另有一名叫氾。少年时，在太学游学，是一个普通的学生，和汝南人张劭为好友。张劭字元伯。两人一同告假返回乡里。范式对元伯道："两年以后，我返回学校经过你府上，要来拜见你的父母，看看令郎呢。"便共同约定了日期。后来日期快要到了，元伯把详情告诉他的母亲，请办了酒菜等候。他母亲道："分开两年，千里之外约定的话，你为什么这样确信呢？"元伯答道："巨卿是个诚实可信的人，一定不会误期的。"他母亲道："既然这样，当为你们酿酒做宴。"到了那天，巨卿果然来了。大家登上大厅一起饮酒，尽欢而别。

范式做了郡功曹。后来元伯害了重病，同乡郅君章、殷子征早晚都来看望。元伯临终时，叹气道：“遗憾啊！不能再看到我的死友了！”子征道：“我和君章尽心服事你，这样还不是死友，还要寻谁呢？”元伯道：“像你两人，是我的生友，山阳范巨卿才是我的死友啊！”没过多久，元伯死了。范式忽然梦见元伯，戴了玄色帽子，荡下帽带，拖了鞋，叫道：“巨卿！我已在某日死了！现在就要下葬，永归到黄泉去了。你如果没有忘记我，能不能在下葬时赶到？”范式忽地惊醒，便悲叹哭泣。把这事告明了太守，请求去奔丧。太守虽然心里不相信，却难违他的真情，就答应了。范式穿了为朋友奔丧的丧服，按着安葬的时日，骑马赶去。范式还没有到，但是灵车已启行，到了墓穴边，将要把棺放下去，这时棺却移不动，像是不肯向前。他的母亲摸着棺木道：“元伯！难道你还在望什么？”于是把棺停了一会儿，就看见素车白马，大哭而来。他的母亲望见道：“这一定是范巨卿了！”巨卿赶到，磕头吊丧道：“去吧！元伯！生和死是两条路，从此永别了！”送葬的约有一千多人，大家都为了他流着眼泪。范式于是拉着牵引灵柩的大绳，灵柩才移动向前。范式就住在墓旁，为元伯修坟种树，然后才离去。

后来到了京师，进太学学习。当时学生中有个长沙人陈平子也同在太学，但和范式并不认识，而陈平子害了病快要死的时候，对他的妻子道：“我听说山阳范巨卿是一个有节气、有壮志的人，可以将生死大事相托付。我死了以后，只要把尸体埋在巨卿家的门前。”就撕了块白绢，写了一封信给巨卿。陈平子死后，妻子就按他的话办了。当时范式出行在外，刚好回来，看了信和埋陈平子的地方，心中悲伤，向坟拜泣，认为是他的死友。于是照料陈平子的妻儿，亲自送丧到临湘。快到临湘四五里处，范式就把写有信的白绢放在棺上，哭别而去。陈平子的兄弟听说后，立刻来找他，已不见了。长沙上计掾史到了京城，就上奏章表明范式的行为，于是三府都召他，他不应召。

后来范式举了州茂才，四次迁升，做了荆州刺史。他的朋友南阳人孔嵩，家中很贫，父母亲又年老，就改了姓名，受雇到新野县阿里当负责街道治安和打扫的差役。范式巡查到了新野县，县里派孔嵩骑马去迎接。范式一见便认出了他，叫声孔嵩，抓住孔嵩的手臂道："你不是孔仲山吗？"相对叹息，谈到平生的经历。范式道："从前和你一起长衣飘飘，游息在帝家太学中。我现在受了国恩，位至牧伯，你却身怀治国之道，隐身在卒伍中，不也太可惜了吗！"孔嵩答道："侯嬴长期做着夷门卒，看守城门，非常快意。孔子想住在九夷，不嫌那里简陋。贫穷是士人的本分，难道算是鄙贱吗？"范式令县丞另外找人代替孔嵩，但孔嵩认为先前的受雇没有到期，不肯离开。

孔嵩在阿里，为人端正，砥砺操行，街中的少年都服从他的训导德化。于是公府征召。到京师时，路上在地处偏僻的驿馆中住宿，有盗贼一同偷了他的马，不久，打听到是孔嵩的马，就相互责备道："孔仲山是个有德之士，难道可以强抢他的东西吗？"于是将马送还，向孔嵩认错。后来孔嵩官至南海太守。

范式后来调任庐江太守，有威望，死在任上。

左慈传

左慈传

遁形易体，古传是事，在生理上为不可能，此恐借因以穷奸雄之技。读者视为祢正平参挝之骂，亦未为不可。

左慈字元放，庐江人也。少有神道。尝在司空曹操[1]坐，操从容顾众宾曰："今日高会，珍羞略备，所少吴松江[2]鲈鱼耳。"放于下坐应曰："此可得也。"因求铜盘贮水，以竹竿饵钓于盘中，须臾引一鲈鱼出。操大拊掌笑，会者皆惊。操曰："一鱼不周坐席，可更得乎？"放乃更饵钓沈之，须臾复引出，皆长三尺余，生鲜可爱。操使目前鲙之，周浃[3]会者。操又谓曰："既已得鱼，恨无蜀中生姜耳。"放曰："亦可得也。"操恐其近即所取，因曰："吾前遣人到蜀买锦，可过勅使者，增市二端。"语顷，即得姜还，并获操使报命。后操使蜀反，验问增锦之状及时日早晚，若符契焉。

后操出近郊，士大夫从者百许人，慈乃为赍酒一升，脯一斤，手自斟酌，百官莫不醉饱。操怪之，使寻其故，行视诸罏[4]，悉亡其酒脯矣。操怀不喜，因坐上，欲将杀之，慈乃却入壁中，霍然不知所在。或见于市者，又捕之，而市人皆变形与慈同，莫知谁是。后人逢慈于阳城山[5]头，因复逐之，遂入走羊群。操知不可得，乃令就羊中告之曰："不复相杀，本试君术耳。"忽有一老羝屈前两膝，人立而言曰："遽如许[6]。"即竞往赴之，而群羊数百皆变为羝，并屈前膝人立，云"遽如许"，遂莫知所取焉。

——节《方术列传》

［1］曹操：嵩子，字孟德，少机警有权数，二十举孝廉郎，起兵讨董卓，击黄巾，迎献帝于许都，为大将军，进位丞相，封魏王，卒谥武，黄初初追谥武帝，庙号太祖。［2］吴松江：太湖之支流，古称笠泽，亦名南江，在今江苏松江县西，出鲈鱼，味异他处。［3］周浃：周匝也。［4］鑪：酒肆也。［5］阳城山：在今河南登封县东北。［6］遽如许：言何遽如许为事。

左慈字元放，庐江人。年少时就有神奇的道术。曾经在司空曹操那里作客，曹操慢慢环顾众宾客道："今天盛会，略备些珍肴，只是少了吴松江的鲈鱼。"元放在座上应声答道："这可以得到。"于是让人取一铜盘，盛了水，用竹竿钓饵，在盘中垂钓，不一会儿，竟钓出一条鲈鱼来。曹操拍手大笑，在座诸人都很诧异。曹操道："只一条鱼，不能让在座诸人都尝到，还可以再得些吗？"元放就再用钩饵去钓，不一会儿，又钓出许多条，都是三尺多长的，鲜活可爱。曹操让厨子在众宾客眼前烹成鱼菜，让大家都尝到鲜鱼。曹操又道："既然有了鲈鱼，可惜没有蜀中生姜。"元放道："也可以得到的。"曹操怕他就在近处取些生姜，于是道："我前几天派人到蜀地去买蜀锦，你在那里路过的时候，可告诉使者多买两匹。"话刚说完片刻，元放就拿了生姜回来，并且带回曹操的使者的复命。后来曹操的使者从蜀地回来，验问添买蜀锦的情形和时间的早晚，都完全符合。

后来曹操到近郊游玩，随从的士大夫有一百多人，左慈就拿了酒一升，干肉一斤，亲手给大家斟酒，百官没一个不酒醉肉饱的。曹操觉得奇怪，派人找寻缘故，到各酒馆查看，那里的酒肉都不见了。曹操心中不高兴，于是想在席上把他抓起来杀掉，左慈就躲到墙壁中，忽然不知到那里去了。有人看见他在市中，又去捉他，那知市人都变得和左慈一样的长相，不知道究竟那个是真的左慈。后来有人在阳城山头遇着左慈，又派人去追赶他，左慈就逃进羊群中。曹操知道捉不到，就派人在羊群中告诉他道："不再杀你了！本是试试你的法术。"忽然有一只老公羊，弯着前面的两条腿，像人一样站立起来道："为什么突然这样做呢？"大家就抢着向前去捉他，但是几百头羊都变为老公羊，而且也都弯着前腿，像人一样站立起来道："为什么突然这样做呢？"就不知该捉哪一只了。

严光传

严光传

唐尧不屈颍阳之高，周武终全孤竹之节，严光犯帝以足，光武坦然受之，洵古今美事。文描摹隐士狂态笔致玲珑，维妙维肖。惟篇中客星犯座一事不足信，只是太史希顺风旨耳。

严光字子陵，一名遵，会稽[1]余姚[2]人也。少有高名，与光武同游学。及光武即位，光乃变名姓，隐身不见。帝思其贤，乃令以物色访之[3]。后齐国上言："有一男子，披羊裘钓泽中。"帝疑其光，乃备安车玄纁[4]，遣使聘之。三反而后至。舍于北军[5]。给床褥，太官[6]朝夕进膳。

司徒侯霸[7]与光素旧，遣使奉书。使人因谓光曰："公闻先生至，区区[8]欲即诣造。迫于典司[9]，是以不获。愿因日暮，自屈语言。"光不答，乃投札[10]与之，口授曰："君房足下：位至鼎足[11]，甚善。怀仁辅义[12]天下悦，阿谀顺旨要领绝[13]。"霸得书，封奏之。帝笑曰："狂奴故态也。"车驾即日幸其馆。光卧不起，帝即其卧所，抚光腹曰："咄咄[14]子陵，不可相助为理[15]邪？"光又眠不应，良久，乃张目熟视，曰："昔唐尧著德，巢父[16]洗耳。士故有志，何至相迫乎！"帝曰："子陵，我竟不能下汝邪？"于是升舆叹息而去。

复引光入，论道旧故，相对累日。帝从容问光曰："朕何如昔时？"对曰："陛下差增于往。"因共偃卧[17]，光以足加帝腹上。明日，太史[18]奏客星犯御座[19]甚急。帝笑曰："朕故人严子陵共卧耳。"

除为谏议大夫，不屈，乃耕于富春山[20]，后人名其钓处为严陵濑[21]焉。建武十七年，复特征，不至。年八十，终于家。帝伤惜之，诏下郡县赐钱百万、谷千斛。

——节《逸民列传》

［1］会稽：秦置郡，今绍兴。［2］余姚：即今浙江余姚县。［3］以物色访之：谓绘其形貌求之也。［4］玄纁：皆币也。［5］北军：北军舍，待诏上书人所止息。［6］太官：汉置官，属少府，掌饮御食。［7］侯霸：密人，字君房，矜严有威容。光武初，征拜尚书令，明习故事，条奏前世善政法度有益于时者，皆施行之，进大司徒，封关内侯。卒谥哀。［8］区区：寸心也。［9］典司：职守也。［10］札：古时无纸，书字于木简上，谓之札。［11］鼎足：鼎有三足，故称三公为鼎足。［12］怀仁辅义：以仁为怀，以义为助。［13］要领绝：要同腰。领，颈项之总称。要领绝，谓身首分裂，不保全其生命也。［14］咄咄：嗟叹声。［15］理：治也。［16］巢父：陶唐时人，山居不营世利，以树为巢，寝其上，尧以天下让之不受。［17］偃卧：仰而倒曰偃。［18］太史：历官之长。［19］御座：帝御星也。［20］富春山：在今浙江桐庐县西。［21］严陵濑：在今浙江桐庐县南。自桐庐至于潜凡十六濑，第二即严陵濑。

严光字子陵，又名遵，会稽余姚人。年少时就很有名声，和光武一同游学。等光武即了位，严光就改名换姓，隐居不出。帝想着他的才能，就下令绘画他的相貌，派人四方打探找寻。后来齐国有人上言说："有一个男子，披了件羊裘，在泽中钓鱼。"帝怀疑是严光，就备了安车和延聘贤士的礼品，派使臣去聘请他。请了三次才出来。安排严光住在北军舍中。供给他床褥，由御厨早晚送来膳食。

司徒侯霸和严光是旧交，派人拿来一封信。派来的人向严光道："公听说先生到了，本想马上来拜访。迫于公务在身，所以没有来。希望在日暮之时，请你屈驾过来谈谈。"严光不回答，就把木简丢给来人，口授道："君房足下：官至三公，很好。望以仁义为怀，道义为助，让天下人喜悦，如果阿谀奉承、顺着旨意办事，腰和颈项是要分开的。"侯霸得信后，密封呈给上。帝笑道："这依然是狂奴故态呀！"帝当日就来到严光住的馆舍。严光睡在床上没有起来，帝走到床边，抚摸着严光的肚子道："咄咄！子陵！你不能帮我治理天下吗？"严光还是睡着不回答，过了好一回，才张开眼睛仔细看着光武，道："从前唐尧把天下相让，巢父洗耳逃走。读书人本来各有志，何必强迫人家！"帝道："子陵！我竟不能使你屈就吗？"于是登上车子，叹息而去。

后来又延请严光到宫内，谈论些往事，两人相对而坐，讲了数日。帝神情轻松地问严光道："我比从前怎么样？"答道："陛下比过去稍稍有点变化。"于是两人在一张床上仰面而睡，严光把脚搁在帝的肚子上。第二天，便有太史上奏，客星侵犯御座很急。帝笑道："朕和旧友严子陵一同睡的。"

帝拜严光做谏议大夫，严光不肯屈就，于是在富春山下耕种，后人把他钓鱼的地方叫做严陵濑。建武十七年，又特地派人去请严光，没有来。八十岁时，在家中去世。帝为他哀伤惋惜，下诏郡县赐给其家人钱一百万、谷一千斛。

梁鸿传

梁鸿传

隐居以求志，行义以达道，蝉蜕嚣尘之中，自致寰区之外，伯鸾有焉。叙事爽健疏畅，苍郁古茂，鸿诗亦靖节之祖。

梁鸿字伯鸾，扶风平陵[1]人也。父让，王莽时为城门校尉，封修远伯，使奉少昊[2]后，寓于北地[3]而卒。鸿时尚幼，以遭乱世，因卷席而葬。

后受业太学，家贫而尚节介，博览无不通，而不为章句。学毕，乃牧豕于上林苑中。曾误遗火，延及它舍。鸿乃寻访烧者，问所去失[4]，悉以豕偿之。其主犹以为少。鸿曰："无它财，愿以身居作。"主人许之。因为执勤，不懈朝夕。邻家耆老见鸿非恒人，乃共责让主人，而称鸿长者。于是始敬异焉，悉还其豕。鸿不受而去，归乡里。

势家慕其高节，多欲女[5]之，鸿并绝不娶。同县孟氏有女，状肥丑而黑，力举石臼，择对不嫁，至年三十。父母问其故。女曰："欲得贤如梁伯鸾者。"鸿闻而聘之。女求作布衣、麻屦，织作筐缉绩之具。及嫁，始以装饰入门。七日而鸿不答。妻乃跪床下请曰："窃闻夫子高义，简斥[6]数妇，妾亦偃蹇数夫矣。今而见择，敢不请罪。"鸿曰："吾欲裘褐之人，可与俱隐深山者尔。今乃衣绮缟，傅粉墨，岂鸿所愿哉？"妻曰："以观夫子之志耳。妾自有隐居之服。"乃更为椎髻[7]，着布衣，操作而前。鸿大喜曰："此真梁鸿妻也。能奉我矣！"字之曰德曜，名孟光。

居有顷，妻曰：“常闻夫子欲隐居避患，今何为默默？无乃欲低头就之乎？”鸿曰：“诺。”乃去入霸陵山中，以耕织为业，咏《诗》《书》，弹琴以自娱。仰慕前世高士，而为四皓[8]以来二十四人作颂。

因东出关，过京师，作《五噫之歌》曰：“陟彼北芒[9]兮，噫！顾览帝京兮，噫！宫室崔嵬兮，噫！人之劬劳兮，噫！辽辽未央兮，噫！”肃宗闻而非之，求鸿不得。乃易姓运期，名耀，字侯光，与妻子居齐鲁之间。

有顷，又去适吴。将行，作诗曰：“逝旧邦兮遐征，将遥集兮东南。心惙怛[10]兮伤悴，志菲菲[11]兮升降。欲乘策兮纵迈，疾吾俗兮作谗。竞举枉兮措直[12]，咸先佞兮唌唌[13]。固靡惭兮独建，冀异州兮尚贤[14]。聊逍摇兮遨嬉，缵仲尼兮周流。傥云觏兮我悦，遂舍车兮即浮[15]。过季札[16]兮延陵[17]，求鲁连[18]兮海隅。虽不察兮光貌[19]，幸神灵兮与休[20]。惟季春兮华阜，麦含含兮方秀。哀茂时兮逾迈，愍芳香兮日臭[21]。悼吾心兮不获，长委结[22]兮焉究！口嚣嚣兮余讪，嗟恇恇[23]兮谁留？”

遂至吴，依大家皋伯通[24]，居庑下，为人赁舂。每归，妻为具食，不敢于鸿前仰视，举案齐眉。伯通察而异之，曰：“彼佣能使其妻敬之如此，非凡人也。”乃方舍之于家。鸿潜闭著书十余篇。疾且困，告主人曰：“昔延陵季子葬之于嬴博之间，不归乡里，慎勿令我子持丧归去。”及卒，伯通等为求葬地于吴要离[25]冢傍。咸曰：“要离烈士，而伯鸾清高，可令相近。”葬毕，妻子归扶风。

初，鸿友人京兆高恢[26]，少好《老子》，隐于华阴[27]山中。及鸿东游思恢，作诗曰：“鸟嘤嘤兮友之期，念高子兮仆怀思，想念恢兮爰集兹。”二人遂不复相见。恢亦高抗，终身不仕。

——节《逸民列传》

[1] 平陵：县名，故城在今陕西咸阳县西北。［2］少昊：金天氏之号。［3］北地：郡名，统甘肃旧宁夏、庆阳、平凉、固原、泾州诸府州之地，治义渠，故城在宁县西北。［4］去失：即亡失，犹言损失也。［5］女：以女妻人曰女，音尼虑反。［6］斥：远也。［7］椎髻：一撮之髻，其形如椎。［8］四皓：汉初隐士，东园公、绮里季、夏黄公、角里先生也。［9］北芒：即北邙，山名，在河南洛阳县东北，多墓地。［10］惙怛：忧伤也。［11］菲菲：高下不定之貌。［12］竞举枉兮措直：《论语》：举直措诸枉则人服，举枉措诸直则人不服。［13］唌唌：音延，亦读羡，平声，谗言捷急之貌。［14］“固靡惭兮独建”句：建，立也，言已无惭于独立，所以适吴者，冀异州之人贵尚贤德。［15］舍车即浮：谓舍其车而就舟船。［16］季札：寿梦少子。寿梦见季札贤，欲立之，卒不受，封于延陵，故号延陵季子。［17］延陵：地名，即今江苏武进县治。［18］鲁连：战国齐人，高蹈不仕，喜为人排难解纷。［19］光貌：光仪也。［20］休：美也。［21］臭：败也。［22］委结：怀恨也。［23］恇恇：恐也。［24］皋伯通：吴人，为郡大家。［25］要离：吴刺客，公子光既弑王僚，使要离刺其子庆忌。要离诈负罪出奔，使吴戮其妻子，而见庆忌于卫，与之俱渡江，至吴地，乘庆忌不意，刺中其要害。庆忌义之，使还吴以旌其忠，要离至江陵伏剑以报。其家在今苏州吴县西，伯鸾墓在其北。［26］高恢：字伯通。［27］华阴：县名，即今陕西华阴县。

梁鸿字伯鸾，扶风平陵人。父叫让，在王莽时做过城门校尉，封了修远伯，派他祭祀少昊帝，寄居在北地而死去。当时梁鸿年纪还小，因遭乱世，只好用芦苇席子裹尸而葬。

后在太学学习，家中虽穷，却看重节操，博览群书，无不通晓，却不做剖章析句之学。学业结束后，就在上林苑中养猪。曾经不小心遗落了火种引起火灾，火势蔓延烧了别人家的房屋，梁鸿就寻访被烧的人家，问他损失了多少，拿猪全部赔偿给他。那家主人还嫌少。梁鸿道："我没有钱财了，愿替你做工来补偿。"主人应许了。他做事勤快，早起晚睡从不懈怠。邻家有几个老年人，见梁鸿不是常人，便一同责备那家主人，称赞梁鸿是个德高望重的人。到这时那家主人才开始敬重梁鸿，又把他的猪全都退还。梁鸿不肯接受，就离开了，回到家乡。

有权势的人家羡慕他高尚的品德，很多都想把女儿嫁给他，梁鸿都拒绝了。同县孟氏有个女儿，体胖，又丑又黑，力气能举得起石臼，她择配不中意，年纪到了三十岁，还未出嫁。父母问她什么缘故。女儿道："想嫁给像梁伯鸾那样贤能的人。"梁鸿听说后就去下聘礼。女儿要求父母置办布衣、麻鞋，并编织放物的筐子、制作纺织的器具。出嫁时，梳妆打扮进门。过了七天，梁鸿都不答理她。妻子就跪在床下，请求道："私下听说夫子行为高尚而有义气，已经谢绝了数位女子，妾也怠慢过数位男子。如今既被你选中，怎敢不向你请罪呢。"梁鸿道："我想要的是穿粗陋衣裳的人，能够与我一同隐居在深山中的。如今你穿了华丽的绸缎，涂抹了脂粉，哪里是鸿所希望的人呢？"妻子道："这不过是我试试夫子的志向罢了。妾自然另有隐居的衣裳呢。"于是改梳了椎髻，穿着布衣，一边做事一边走到梁鸿面前。梁鸿大喜道："这才是鸿的妻子啊！这样就可以侍奉我了！"替她取字为德曜，取名为孟光。

过了不久，妻子道："常听夫子说想隐居以避祸害，如今为什么默默不做声呢？难道想向世俗低头、屈服迁就了吗？"梁鸿道："好！"就一同来到霸陵山中，以耕田织布为业，咏《诗》《书》，弹古琴，自得其乐。因仰慕前世的高士，就为四皓以来的二十四人作了颂扬的诗。

因东出函谷关，路过京师，作《五噫之歌》道："登上北芒山，噫！

环视帝京城，噫！宫殿高入云，噫！人生之劳苦，噫！无穷又无尽，噫！”肃宗听了很不以为然，派人找梁鸿又没有找到。他就改姓叫运期，名叫耀，字侯光，与妻儿隐居在齐鲁一带。

过了不久，又要到吴郡去。动身之时，作诗道：“离别了故国啊将远行，从远处聚集啊在那东南。心中忧伤啊多么憔悴，志气不定啊忽高忽低。想骑骏马啊去驰骋，痛恨奸小啊进谗言。竟举小人啊弃贤良，利口佞舌啊先嚷嚷。本来无所惭愧啊自立有主见，希望异地之州啊崇德又尊贤。暂时逍遥啊复何求，学习孔子啊去周游。如能见贤啊我心悦，宁弃车马啊改乘舟。寻访季札啊到延陵，探求鲁连啊来海边。虽不能察见啊两人尊颜，只望他们神灵啊都美秀。阳春三月啊烟景美，麦秀青青啊正开花。哀伤浓时啊光阴过，怜惜芳草啊渐枯萎。我心伤悲啊不能如愿，愁肠百结啊多么烦忧。众口谗毁啊将我诽谤，嗟叹惶恐啊谁在此留？”

于是到了吴郡，托身于富豪皋伯通，住在他家的屋檐下，受雇为人家舂米。每次回来，妻子就给他预备好了饭食，不敢在梁鸿面前抬头看他，总是捧着碗，举到眉毛处。伯通察看后，心中诧异，道：“那个雇工能够使他的妻子这般敬重他，定不是寻常人呀！”于是叫他们到屋中去住。梁鸿潜心闭门，著书十多篇。后来梁鸿害了病，又贫困，就告诉主人道：“从前延陵季子将儿子葬在嬴、博二州一带，不送回家乡，我死后，千万不要让我儿子扶着灵柩回去。”在他死后，伯通等人在吴国要离的坟旁替他找了一块墓地。都道：“要离是个志向高远的人，而伯鸾是个纯洁高尚的人，可以让他们葬在一起。”葬事既毕，妻儿回扶风去了。

当初，梁鸿的友人京兆人高恢，年轻时喜欢读《老子》，隐居在华阴山中。等到梁鸿东游，想念高恢，作诗道：“鸟嘤嘤的叫啊盼望着朋友，常思高子啊我充满怀念，想念着恢啊能来到这里。”两人再没见过面。高恢也是个刚正不屈的读书人，终身不出去做官。

王霸妻

王霸妻

《诗》《书》赞女德，谓贤妃、哲妇、贞女，亦间世而生。霸妻勉夫立高节，使成隐逸，盖亦由于马邓诸后之教德所致。文传霸妻只一事，却已描摹尽致，洵称逸笔。

太原王霸[1]妻者，不知何氏之女也。霸少立高节，光武时，连征不仕。霸已见《逸人传》。妻亦美志行。初，霸与同郡令狐子伯为友，后子伯为楚相，而其子为郡功曹。子伯乃令子奉书于霸，车马服从，雍容如也。霸子时方耕于野，闻宾至，投耒[2]而归，见令狐子，沮怍[3]不能仰视。霸目之，有愧容，客去而久卧不起。妻怪问其故，始不肯告，妻请罪，而后言曰："吾与子伯素不相若，向见其子容服甚光，举措有适，而我儿曹[4]蓬发历齿，未知礼则，见客而有惭色。父子恩深，不觉自失耳。"妻曰："君少修清节，不顾荣禄。今子伯之贵孰与君之高？奈何忘宿志而惭儿女子乎！"霸屈起而笑曰："有是哉！"遂共终身隐遁。

——节《列女传》

[1] 王霸：广武人，字儒仲，少立清节。王莽篡位，弃冠带，绝交宦，隐居守志，连征不起。 [2] 耒：音类，手耕曲木也。柄之曲木谓之耒，耒端之刃谓之耜。 [3] 沮怍：沮丧也。怍，惭也。 [4] 曹：辈也。

太原王霸的妻子，不知是哪家的女儿。王霸年少时就有高尚的节操，光武帝时，屡次请他都不出去做官。王霸的事迹已见《逸人传》。他的妻子也有美好的志向和操行。当初，王霸和同郡人令狐子伯结交为朋友，后来令狐子伯做了楚相，他的儿子做了郡功曹。令狐子伯就派他的儿子送信给王霸，他的车马衣饰和跟随都很体面。王霸的儿子当时正在田野中耕种，听说有客人来了，就丢掉锄头回到家，见了令狐的儿子，沮丧的不敢抬头看人。王霸见了，面露愧色，等客去后，便久卧不起。他的妻子觉得奇怪，问他什么缘故，起初还不肯说，妻子请罪，王霸然后才说道："我和子伯素来是不相像的，刚才看见他的儿子容貌服饰很有光彩，举止得体，而我的儿子却蓬头露齿，不懂礼仪，见了客有惭愧之色，父子的恩情是很深的，不觉自己有些丢人。"妻子道："君少年时就培养自己高洁的节操，不羡慕功名利禄。如今子伯的贵气怎赶得上你的高洁呢？为什么忘掉你素来的志气，反替儿女们惭愧起来了！"王霸一挺而起，笑道："有这种事啊！"于是一同终身隐居。

乐羊子妻

乐羊子妻

孟母断机训子，卒成亚圣。羊子妻以断机戒夫，而羊子亦成名儒。贤母良妻得之不易，传其事以垂教，固史臣之职。文亦写得如闻其声，如见其人。

河南乐羊子之妻者，不知何氏之女也。羊子尝行路，得遗金一饼，还以与妻。妻曰："妾闻志士不饮盗泉之水[1]，廉者不受嗟来之食[2]，况拾遗求利，以污其行乎！"羊子大惭，乃捐金于野，而远寻师。学一年来归，妻跪问其故。羊子曰："久行怀思，无它异也。"妻乃引刀趋机而言曰："此织生自蚕茧，成于机杼，一丝而累，以至于寸，累寸不已，遂成丈匹。今若断斯织也，则捐失成功，稽废时日。夫子积学，当日知其所亡[3]，以就懿德。若中道而归，何异断斯织乎？"羊子感其言，复还终业，遂七年不返。妻常躬勤养姑，又远馈羊子。

尝有它舍鸡谬入园中，姑盗杀而食之，妻对鸡不餐而泣。姑怪问其故。妻曰："自伤居贫，使食有它肉。"姑竟弃之。

后盗欲有犯妻者，乃先劫其姑。妻闻，操刀而出。盗人曰："释汝刀，从我者可全，不从我者，则杀汝姑。"妻仰天而叹，举刀刎颈而死。盗亦不杀其姑。太守闻之，即捕杀贼盗，而赐妻缣帛，以礼葬之，号曰"贞义"。

——节《列女传》

[1] 志士不饮盗泉之水:《论语撰考谶》曰:“水名盗泉，仲尼不漱。”
[2] 廉者不受嗟来之食：悯其穷饿，呼使来食也。见《礼记》：有饿者蒙袂辑屦，贸贸然来。黔敖左奉食，右执饮，曰：“嗟！来食！”扬其目而视之，曰：“予唯不食嗟来之食，以至于斯也！”从而谢焉，终不食而死。
[3] 日知其所亡:《论语》：孔子曰：“君子日知其所亡，月无忘其所能。”

河南人乐羊子的妻子，不知是哪家的女儿。乐羊子曾经在路上走，拾得人家遗失的一块金子，回家交给妻子。妻子道：“妾听说有志气的士不喝盗泉之水，廉洁的人不受嗟来之食，何况拾了人家的金子来求利，以污损自己的操行呢？”乐羊子非常羞愧，仍旧把那块金子丢在野外，而到远地去寻先生求学。隔了一年回来了，妻子跪着问他是什么缘故。乐羊子道：“长久出门，想家了，并没有什么特别的事。”妻就拿着刀走到织机前道：“这织物出自蚕茧，在机上织成，一丝丝的积起，成为一寸，寸累积不停，就织成了丈匹。现在如果割断这织物，就不能成功，徒然荒废了时日。夫子去求学，应当天天积累着从前不知道的知识，方可成就美好的德行。如果半中间就回来，和割断这织物有什么不一样呢？”乐羊子被她的话感动，再回去一直到他学成，共有七年不曾回家。妻子常常亲自辛苦的奉养婆婆，又给远地的乐羊子送去物品。

曾经邻家有只鸡走进他们的菜园，她的婆婆偷着把鸡杀了。妻子对着鸡不吃而哭泣。婆婆觉得奇怪，问她什么缘故。妻道：“我可怜自己家贫，让你吃别人家的鸡肉。”婆婆就把鸡倒掉了。

后强盗要冒犯乐羊子的妻子，就先劫了她的婆婆，妻听说，操起刀就走出。强盗说：“放下你的刀，依了我就可保全性命，不依我就杀掉你的婆婆。”妻仰天而叹，举刀割颈而死。强盗也就没有杀她的婆婆。太守听说这事，立刻捕杀强盗，赐绸帛给乐羊子妻，以礼安葬，号称“贞义”。

班彪议答北匈奴疏

班彪议答北匈奴疏[1]

裁答得体，达于国事，明于虏情，与文帝赐匈奴书，各绝一时之胜，可谓经世有用大文。气息亦端厚庄重，与东汉渐趋轻清雅逸者迥别，班家文字，洵是天成。

臣闻孝宣皇帝敕边守尉曰："匈奴大国，多变诈。交接得其情，则却敌折冲；应对失其数，则反为轻欺。"今北匈奴见南单于来附，惧谋其国，故数乞和亲，又远驱牛、马与汉合市，重遣名王，多所贡献。斯皆外示富强，以相欺诞也。臣见其献益重，知其国益虚，归亲愈数，为惧愈多。然今既未获助南，则亦不宜绝北，羁縻之义，礼无不答。谓可颇加赏赐，略与所献相当，明加晓告以前世呼韩邪、郅支[2]行事。报答之辞，令必有适[3]，今立稾草并上，曰："单于不忘汉恩，追念先祖旧约，欲修和亲，以辅身安国，计议甚高，为单于嘉之。往者，匈奴数有乖乱，呼韩邪、郅支自相雠隙，并蒙孝宣皇帝垂恩救护，故各遣侍子称藩保塞。其后郅支忿戾，自绝皇泽；而呼韩附亲，忠孝弥著。及汉灭郅支[4]，遂保国传嗣，子孙相继。今南单于[5]携南向，款塞归命。自以呼韩嫡长，次第当立，而侵夺失职，猜疑相背，数请兵将，归扫北庭[6]，策谋纷纭，无所不至。惟念斯言不可独听，又以北单于比年贡献，欲修和亲，故拒而未许，将以成单于忠孝之义。汉秉威信，总率万国，日月所照，皆为臣妾。殊族百蛮，义无亲疏，服顺者褒赏，畔逆者诛罚，善恶之效，呼韩、郅支是也。今单于欲修和亲，款诚已达，何嫌而欲率西域诸国俱来献见？西域国属匈奴，与属汉何异？单于数连兵乱，国内虚耗，贡物裁以通礼，何必献马裘？今赍杂缯五百疋，弓鞬[7]韇丸[8]一，矢四发[9]，遣遗单于。又赐献马左胥都侯[10]、右谷蠡王[11]杂缯各四百疋，斩马剑各一。单于前言先帝时所赐呼韩邪竽、瑟、空侯[12]皆败，愿复裁赐[13]。念单于国尚未安，方厉武节，以战攻为务，竽瑟之用，不如良弓利剑，故未以赍[14]。朕不爱小物于单于，便宜所欲，遣驿以闻。”

——节《南匈奴列传》

［1］班彪议答北匈奴疏：光武二十八年，北匈奴遣使诣阙，贡马及裘，更乞和亲，并请音乐。帝下三府，议酬答，彪拟以上之。［2］呼韩邪、郅支：呼韩单于称臣受赏，郅支单于背德受诛，以此二者行事晓告之也。郅支，即呼韩兄，名呼屠吾斯，自立为单于，击走呼韩邪单于者也。［3］适：犹所也。［4］汉灭郅支：元帝时，郅支坐杀使者谷吉，都护甘延寿与副陈汤发西域兵诛斩之。［5］南单于：谓呼韩邪之长孙，南匈奴醢落尸逐鞮单于比也。［6］北庭：匈奴单于居北方，故曰北庭。［7］鞬：音建，藏弓之器曰鞬。［8］韇丸：藏剑之器也，即剑箙也。［9］发：四矢曰发。［10］胥都侯：匈奴异姓官爵名。［11］谷蠡王：匈奴同姓子弟所封之号。［12］空侯：本作箜篌，乐器名。［13］裁赐：谓更请裁赐也。［14］未以赍：言不赍持往遗也。

臣听得孝宣皇帝训诫边境上的将尉道：“匈奴是个大国，变诈很多，和他交接时，得了他的实情，就可以谈判取胜；如果应对错了分寸，便反而被他看轻，要受轻侮。”如今北匈奴见南单于来依附大汉，恐怕谋害他的国家，所以屡次乞求和亲，又从远地赶着牛马来，和大汉做生意，又派遣有名的王侯，贡献许多东西，这都是外面装得很富强，用以来欺骗我们的。臣见他的贡献越重，便知道他国内越空虚，和我们亲近得越勤，害怕得也就越是多。如今我们既不去帮助南匈奴，也不宜和北匈奴断绝，照笼络他的意思来说，礼节自然没有不回答的道理。臣意以为可多加些赏赐给他，大略应该和他献来的差不多，另外再把从前呼韩邪、郅支两单于的行事，明白开导他们，答复的话一定要适当，现在谨拟定了草稿一同奏上。道："单于不忘记大汉的恩德，追想先祖的旧约，打算和大汉建立和亲，为的是辅助自身，安定国家，你的主意很好，我们对单于表示赞赏。从前，匈奴屡次有动乱，呼韩邪和郅支兄弟俩互相仇杀，一同蒙孝宣皇帝垂降恩德，救援保护。所以他们各派儿子来陪侍皇上，自称为藩邦，保护边塞。在这以后，郅支怀恨悖逆，自己要断绝皇上对他的恩德；而呼韩仍旧归附亲近，忠孝愈加显著。等到大汉灭掉郅支，他最终保全国家，传位后代，子孙世代继承下去。如今南单于带了许多人南来，进关归附。他自以为是呼韩单于的嫡长子，依次序应该立为单于。反而被剥夺职位，遭猜疑以相背弃，他屡次请求兵将，去扫除北庭，谋算很多，没有一法不想到。不过我们想到他的话不可偏听，又因北单于连年来贡献，要修好和亲，所以就拒绝了，不曾答应他们。这无非是要成全单于的忠孝罢了。大汉凭借威武和信义，统率万国，凡日月照到的地方，都做了大汉的百姓和藩属。不论异族百蛮，都一样看待，没有亲疏，能够归顺我的便赞赏他，叛逆我的便诛罚他，行善和作恶得到的结果，只须看呼韩、郅支两人就知道了。如今单于想同大汉修好和亲，已经表达了诚意，为什么又猜疑而定要带领西域各国都来贡献朝见呢？西域各国服属匈奴，和服属大汉又有什么两样呢？单于连续多次发生兵乱，国中耗费得已很空虚，贡品只要能尽点礼节就可以了，何必定要献马和羊裘呢？如今送去杂色的绸缎五百匹，弓和弓袋、剑袋各一件，箭四枝，派使臣送给单于。又你们献马来的左胥都侯、右谷蠡王，各赐杂色绸缎四百匹和斩马剑各一柄。单于从前说先帝时赐给呼韩邪的竽、瑟、空侯等乐器都已损坏,希望再赏赐些。考虑到单于国中还没有安定,正砥砺为武之道,以攻战作为当务之急，竽、瑟的用处不及良弓利剑，所以没有赐给这些乐器。朕并不是吝惜那些小物品不给单于，你们倘需要合乎时用的东西，可派人送信来让我们知道。”

东夷传

东夷传

倭人天性悍斗，然易以道御，故孔子欲居九夷。此文历述其国之习俗风尚，简洁明了，可与今日本国俗参照，亦镜敌审己之要道也。

倭[1]在韩[2]东南大海中，依山岛为居，凡百余国。自武帝灭朝鲜，使驿通于汉者三十许国，国皆称王，世世传统。其大倭王居邪马台国。乐浪郡[3]徼，去其国万二千里，去其西北界拘邪韩国七千余里。其地大较在会稽东冶[4]之东，与朱崖、儋耳相近，故其法俗多同。

土宜禾稻、麻纻、蚕桑，知织绩为缣布。出白珠、青玉。其山有丹。土气温腝，冬夏生菜茹。无牛、马、虎、豹、羊、鹊。其兵有矛、楯、木弓、竹矢，或以骨为镞。男子皆黥面文身[5]，以其文左右大小别尊卑之差。其男衣皆横幅，结束相连。女人被发屈紒[6]，衣如单被，贯头而着之；并丹朱坋[7]身，如中国之用粉也。有城栅屋室。父母兄弟异处，唯会同男女无别。饮食以手，而用笾豆。俗皆徒跣，以蹲踞为恭敬。人性嗜酒。多寿考，至百余岁者甚众。国多女子，大人皆有四五妻，其余或两或三。女人不淫不妒。风俗不盗窃，少争讼。犯法者没其妻子，重者灭其门族。其死停丧十余日，家人哭泣，不进酒食，而等类就歌舞为乐。灼骨以卜，用决吉凶。行来度海，令一人不栉沐，不食肉，不近妇人，名曰“持衰”。若在涂吉利，则雇以财物；如病疾遭害，以为“持衰”不谨，便共杀之。

建武中元二年，倭奴国奉贡朝贺，使人自称大夫，倭国之极南界也。光武赐以印绶。安帝永初元年，倭国王帅升等献生口百六十人，愿请见。

桓、灵间，倭国大乱，更相攻伐，历年无主。有一女子名曰“卑弥呼”，年长不嫁，事鬼神道，能以妖惑众，于是共立为王。侍婢千人，少有见者，唯有男子一人给饮食，传辞语。居处宫室、楼观城栅，皆持兵守卫。法俗严峻。

自女王国东度千余里，至拘奴国，虽皆倭种，而不属女王。自女王国南四千余里，至朱儒国，人长三四尺。自朱儒东南行船一年，至裸国、黑齿国，使驿所传，极于此矣。

会稽海外有东鳀人，分为二十余国。又有夷洲[8]及澶洲。传言秦始皇遣方士徐福[9]将童男女数千人入海，求蓬莱神仙不得，徐福畏诛不敢还，遂止此洲，世世相承，有数万家。人民时至会稽市。会稽东冶县人有入海行，遭风流移至澶洲者。所在绝远，不可往来。

——节《东夷列传》

[1]倭：即今之日本。[2]韩：即三韩，在今朝鲜南部。[3]乐浪郡：汉武帝灭朝鲜所置，今朝鲜咸镜、平安二道境。[4]东冶：县名，故城在今福建闽侯县，汉时交趾贡使，由此泛海而止。[5]文身：谓画文于身面上也。[6]被发屈紒：谓披发而屈髻也。[7]坋：尘也。[8]夷洲：在临海东南，去郡二千里。土地无霜雪，草木不死，四面皆山溪。人皆髡发穿耳，女人不穿耳。土地饶沃，既生五谷，又多鱼肉。舅姑子妇卧息共一大床，略不相避。用鹿格为矛以战斗，磨砺青石以作弓矢。取生鱼肉杂贮大瓦器，以盐卤之，历月余日乃啖之，以为上肴也。[9]徐福：即徐市，秦琅邪方士。上书言海中有三神山，仙人居之，请得童男女往求。始皇遣徐市发童男女数千人入海求仙人，遂不返。

倭国在三韩东南的大海中，靠着山岛居住，共有一百多个国。自从武帝灭掉朝鲜，他们派使臣和大汉往来的共有三十多个国，每国都称王，世代相传。大倭王住在邪马台国中。从乐浪郡的边境到该国有一万二千里，距倭国西北界上的拘邪韩国共有七千多里。其地大概在会稽郡东冶县的东边，和朱崖、儋耳相近，所以法律、风俗多有相同的地方。

那里的土地宜种稻、麻和桑树，百姓也懂得将丝麻织为布帛。又出产白珠、青玉。山中有丹砂。气候温和，冬夏都生长菜蔬。没有牛、马、虎、豹、羊、鹊。兵器有矛、盾、木弓和竹箭，有的拿骨头做箭头。男人都在脸上刺字和纹身，以身上花纹的左右、大小来分别尊卑。那里男子穿的衣服都是用整幅布帛横过来,结扎相连。女人披着头发,发髻盘曲，衣服像单被，从头上套下去，并用大红颜色涂在身上，像中原人用粉一样。有围墙、栅栏和房屋，父母兄弟都各自分开居住，只有集会的时候，男女便没有分别。吃饭是用手，食物用笾豆盛着。有赤脚的风俗，以蹲着和坐着为恭敬。他们生性喜欢喝酒。长寿的人很多，有不少活到一百多岁的。国中多女人，做官的都有四五个妻室，其余两个三个不等，女人不淫乱，也不妒忌。风俗没有盗窃的，争讼也很少。犯法的人就把他的妻儿没收入官，严重的杀掉他的满门全族。他们死了人，停丧十多天，家人哭泣,不进酒食,但别的人到死者家中可歌舞作乐。又烧了骨头占卜，用来判断吉凶。渡海往来，让一人不梳头，不吃肉，不近妇人，名叫“持衰”。如果在途中吉利，就给他些财物；如果害了病，或是遭了灾，认为“持衰”的人不谨慎，就把他杀死。

建武中元二年，倭奴国人带了贡品来朝贺，使臣自称大夫，倭奴国在倭国的最南端。光武帝赐给倭奴国印绶。安帝永初元年，倭国的王师升等献来一百六十人，希望能够朝见。

桓帝、灵帝的时候，倭国大乱，互相攻伐，好多年没有君主。有一个叫“卑弥呼”的女子，年纪大了不出嫁，专门做神鬼的法术，能以妖术迷惑众人，因此大家一同立她做王。她的侍婢有一千人，百姓不容易见到她，只有一个男子供给她饮食，传达她的言辞。她居住着的宫室、楼观和城栅等都派兵士守卫。法律风俗都很严峻。

从女王国东渡一千多里，到了拘奴国，虽然都是倭种，却不归女王管理。从女王国再向南四千多里，到朱儒国，人高只有三四尺。从朱儒国向东南方乘船走一年，到裸国、黑齿国，使者只能到这个地方为止，不能再过去了！

会稽郡的海外有东鳀人，分成二十多个国。又有夷洲及澶洲。传说是秦始皇派方士徐福带了童男童女几千人渡海，寻找蓬莱山的神仙，没有找到，徐福害怕杀头不敢回国，就留在了夷洲，世世传代下去，现在已有几万家百姓。百姓时常到会稽郡来做卖买。会稽郡东冶县也有人在海上航行，遭遇风浪飘流到澶洲。那地方非常遥远，没办法往来。

秦同培

生卒年不详，江苏无锡人。民国时期世界书局编辑，教育家，对清末民初教材编写的贡献很大，是民国时期最著名的教科书《共和国教科书》的编写者，还编有《高级古文选》《古文读本》《清代文评注读本》等书。

宋晶如（1904-1982）

浙江绍兴人。民国时期世界书局编辑、学者，注释过《古文观止》《古文辞类纂》《经史百家杂钞》《唐宋八大家古文》等古籍。

名家精译史学经典

《国语选译》

《战国策选译》

《左传选译》

《史记选译》

《汉书选译》

《后汉书选译》

《三国志选译》

《资治通鉴选译》